世界银行贷款中国经济改革促进与能力加强技术援助项目（TCC6）

国家质量基础设施建设雄安创新示范研究系列书

发达国家质量基础设施建设经验研究

国家市场监督管理总局 质量发展局 发展研究中心 编著

中国标准出版社

北京

图书在版编目 (CIP) 数据

发达国家质量基础设施建设经验研究 / 国家市场监督管理总局质量发展局，国家市场监督管理总局发展研究中心编著. —北京：中国标准出版社，2021.11

ISBN 978-7-5066-9858-0

Ⅰ. ①发… Ⅱ. ①国… ②国… Ⅲ. ①基础设施建设—经验—研究—世界 Ⅳ. ①F294

中国版本图书馆CIP数据核字（2021）第163829号

出版发行	中国标准出版社	印	刷	中国标准出版社秦皇岛印刷厂
	北京市朝阳区和平里西街甲2号（100029）	版	次	2021年11月第一版　2021年11月第一次印刷
	北京市西城区三里河北街16号（100045）	开	本	710mm × 1000mm　1/16
	总编室：(010) 68533533	印	张	16.25
	发行中心：(010) 51780238	字	数	204千字
	读者服务部：(010) 68523946	书	号	ISBN 978-7-5066-9858-0
网　址	http：//www.spc.net.cn	定	价	68.00元

如有印装差错　由本社发行中心调换

编 委 会

前言

国家质量基础设施（National Quality Infrastructure，NQI）由计量、标准、认可、合格评定、市场监督组成，是技术、组织、管理的综合体，又是相关技术机构和组织的集合体，既提供多方面技术支撑，同时也体现了政府的管理和服务能力。NQI 使得生产经营服务有依据、可测量，保证产品质量安全，保护消费者利益，促进国际互认和对外贸易，为国民经济和社会发展提供支撑保障。简而言之，NQI 不仅是一个国家发展的关键，而且对于创造一个更安全、更清洁、更公平、更完整的世界至关重要，特别是在经济全球化的背景下，NQI 已成为国际竞争的核心要素和战略资源。

我国对 NQI 的研究和建设不断深入。2012 年，国务院印发《质量发展纲要（2011—2020 年）》，对标准化、计量、认证认可和检验检测工作提出了具体要求。2017 年，中共中央、国务院印发《关于开展质量提升行动的指导意见》，对推进 NQI 的融合发展作出部署，首次将 NQI 概念写进党和国家重大文件。《中华人民共和国国民经济和社会发展第十四个五年规划和 2035 年远景目标纲要》进一步明确提出要完善 NQI，深入开展质量提升行动。近年来，随着我国在 NQI

建设上的不断发力，目前已经初步形成了四级联动、统筹建设与应用的NQI体系，管理体制机制不断完善，技术服务能力不断提升，对经济社会发展的支撑作用不断凸显。

设立河北雄安新区，是以习近平同志为核心的党中央深入推进京津冀协同发展作出的一项重大决策部署，是重大的历史性战略选择，是千年大计、国家大事。习近平总书记明确提出雄安新区建设要贯彻高质量发展要求，创造“雄安质量”，在推动高质量发展方面成为全国的一个样板。2018年4月，《河北雄安新区规划纲要》正式发布。《河北雄安新区规划纲要》明确提出，要围绕创新链构建服务链，发展创业孵化、技术转移转化、科技咨询、知识产权、检验检测、认证等科技服务业，建设国家质量基础设施研究基地。

开展国家质量基础设施建设雄安创新示范研究既是贯彻落实党中央推动经济高质量发展、深入推进京津冀协同发展重大决策部署，将雄安新区打造成为新时代推动高质量发展的全国样板的需要，也是质量强国战略在地方进行试点探索的需要，在改革创新发展全局中具有重要意义。国家市场监督管理总局质量发展局申请世界银行贷款“中国经济改革促进与能力加强技术援助项目（TCC6）”，组织国家市场监督管理总局发展研究中心等单位实施了“国家质量基础设施建设雄安创新示范研究”子项目，系统梳理了NQI理论逻辑，明确了NQI推动我国经济社会发展的机理和路径，创新实践了NQI融合发展的路径，初步提出了NQI统筹建设与应用的雄安模式。基于该子项目研究成果编写了《发达国家质量基础设施建设经验研究》《外资及民营质量技术服务机构在中国的发展研究》《国家质量基础设施的概念、功效及作用机制研究》《国家质量基础设施建设雄安创新示范研究》共4本图书，以供大家参考。国家市场监督管理总局质量发展局李宣庆、白捷、井琛；国家市场监督管理总局发展研究中心姚雷、王禾、陈云鹏；中国计量大学郑素丽、张建侠、申婧、赵雪娇、胡静；北京金谷远见科技有限公司刘展、肖遥、臧传胪、王清、李晖、范蔚琳；中国航空综合技术研究所蒋家东、郑立伟、张豪；国家市场监督管理总局认证认可技术研究中心王茂华；温州大学常小东等参与了图书的编写工作。全书由李宣庆、姚雷统稿。

在图书的编写过程中，国家市场监督管理总局领导高度重视，甘霖、田世宏等同志多次听取汇报并提出工作要求。雄安新区管理委员会、河北省市场监督管理局对研究工作提供了大力支持。张晓刚、张纲、刘卓慧、武津生、唐晓芬等专家学者也给予了悉心指导和帮助，在此一并表示感谢。

国家质量基础设施建设雄安创新示范研究仅仅是个开始，由于作者水平和编写时间有限，书中的研究观点尚不够完善、准确、翔实，不足之处敬请读者批评指正。

编著者

2021 年 11 月

目 录

第一章　绪论 …… 001

第一节　研究背景与意义 …… 003

第二节　国家质量基础设施概述 …… 005

第三节　研究思路和框架 …… 016

第二章　美国国家质量基础设施建设的经验 …… 019

第一节　美国计量体系 …… 021

第二节　美国标准化体系 …… 040

第三节　美国认证认可体系 …… 054

第四节　美国国家质量基础设施建设的经验与启示 …… 060

第三章　德国国家质量基础设施建设的经验 …… 065

第一节　德国计量体系 …… 067

第二节　德国标准化体系 …… 078

第三节　德国认证认可体系 …………………………………………… 093
第四节　德国国家质量基础设施建设的经验与启示 ……………… 101

第四章　英国国家质量基础设施建设的经验 …………………… 107

第一节　英国计量体系 ………………………………………………… 109
第二节　英国标准化体系 ……………………………………………… 119
第三节　英国认证认可体系 …………………………………………… 127
第四节　英国国家质量基础设施建设的经验与启示 ……………… 132

第五章　日本国家质量基础设施建设的经验 …………………… 135

第一节　日本计量体系 ………………………………………………… 137
第二节　日本标准化体系 ……………………………………………… 143
第三节　日本认证认可体系 …………………………………………… 155
第四节　日本国家质量基础设施建设的经验与启示 ……………… 159

第六章　韩国国家质量基础设施建设的经验 …………………… 161

第一节　韩国计量体系 ………………………………………………… 163
第二节　韩国标准化体系 ……………………………………………… 166
第三节　韩国认证认可体系 …………………………………………… 174
第四节　韩国国家质量基础设施建设的经验与启示 ……………… 176

第七章　新加坡国家质量基础设施建设的经验 ………………… 179

第一节　新加坡计量体系 ……………………………………………… 182
第二节　新加坡标准化体系 …………………………………………… 192
第三节　新加坡认证认可体系 ………………………………………… 198
第四节　新加坡国家质量基础设施建设的经验与启示 …………… 202

第八章 发达国家质量基础设施建设的启示与建议 …………… 207

第一节 发达国家质量基础设施建设的启示 ………………………… 209

第二节 优化我国质量基础设施的对策建议 ………………………… 219

第三节 构建雄安新区质量基础设施综合服务模式的对策建议 …… 229

附录 质量基础设施相关组织与机构名称 ……………………… 237

参考文献 ………………………………………………………… 243

第一章

CHAPTER 1

绪　论

第一节　研究背景与意义

2017 年 4 月 1 日，中共中央、国务院印发通知，决定设立河北雄安新区。这是继深圳经济特区和上海浦东新区之后又一具有全国意义的新区，是千年大计、国家大事。设立雄安新区，是以习近平同志为核心的党中央深入推进京津冀协同发展作出的一项重大决策部署，对于集中疏解北京非首都功能，探索人口经济密集地区优化开发新模式，调整优化京津冀城市布局和空间结构，培育创新驱动发展新引擎，具有重大现实意义和深远历史意义。

2018 年 4 月，《河北雄安新区规划纲要》（以下简称《纲要》）正式发布。2019 年 1 月，《河北雄安新区总体规划（2018—2035 年）》（以下简称《规划》）获得国务院批复。《纲要》和《规划》提出，要紧紧围绕统筹推进“五位一体”总体布局和协调推进“四个全面”战略布局；要切实落实新发展理念，按照高质量发展要求，牢牢把握北京非首都功能疏解集中承载地这个初心，坚持世界眼光、国际标准、中国特色、高点定位，坚持生态优先、绿色发展；要确保高起点规划、高标准建设雄安新区，创造“雄安质量”、建设“廉洁雄安”、打造高质量发展的全国样板、建设现代化经济体系的新引擎。《纲要》明确提出，围绕创新链，构建服务链，发展创业孵化、技术转移转化、科技咨询、知识产权、检验检测、认证等科技服务业，建设国家质量基础设施研究基地。

国家质量基础设施（NQI）由联合国贸易和发展会议（UNCTAD）[①]与世界贸易组织（WTO）共同提出。联合国工业发展组织（UNIDO）和国际标准化组织（ISO）正式提出其概念是一个国家和地区建立和执行计量、标准、合格评定（包括认证认可、检验检测）等质量体制机制框架的统称，既包括法规体系、管理体系等“软件”设施，又包括检验检测仪器设备、实验室等“硬件”设施。当前，NQI 作为未来经济可持续发展的三大支柱，已得到世界各国的普遍认可。NQI 与交通、通信、水利、文化教育、医疗卫生等基础设施一样，是国家发展质量的基石；是提高人民福祉的保障手段；是综合国力和国际竞争力的体现。NQI 在国家治理体系建设、促进经济转型升级、推动科技创新、保障和改善民生、参与国际竞争、保障国家核心利益等方面发挥着重要的基础性作用。在经济全球化的背景下，NQI 已成为国际竞争的核心要素和战略资源。为了在新一轮国际竞争中抢占制高点，许多国家都将 NQI 建设提到重要战略地位，大力支持 NQI 建设。

中共中央、国务院历来高度重视质量工作，特别是十八大以来，先后制定了一系列政策措施。我国 NQI 逐步完善，质量总体水平稳步提升，但与高质量发展的要求相比，我国 NQI 仍显薄弱，并且其对经济、科技和社会发展的支撑作用也还未充分释放，主要体现在：一是技术水平差距较大。新一代计量技术体系建设刚刚启动，标准整体水平有待进一步提高，精确微量检测等核心技术还有待突破瓶颈。二是体制机制有待完善。NQI 与产业、环境、科技、金融、财税、人才培养

① 本书涉及多个与质量基础设施相关的国际/国外组织或机构，为了便于读者对照，已在文后对这些组织与机构的中、外文名称进行了汇总，详见附录。

等政策措施对接困难，检测机构资源整合力度不够，引导社会资本参与 NQI 能力提升的市场机制尚未形成。三是与产业发展结合度不高。质量基础设施作为产业升级、自主创新和区域经济发展的基础要素，配备的覆盖面不够广、利用率不够高，企业大量质量技术需求难以就近得到满足，广大中小微企业检测难的问题依然存在。四是 NQI 尚未形成合力。各级各地的质量基础设施条块分割的现象较为明显，NQI 各要素之间缺乏交流和融合，缺乏支撑经济社会高质量发展的协同效应。

《中共中央 国务院关于开展质量提升行动的指导意见》（中发〔2017〕24 号）指出，要开展质量提升行动，夯实国家质量基础设施，推动我国经济发展进入质量时代。《纲要》和《规划》结合高质量发展目标，对雄安新区的标准等 NQI 相关要素的建设提出了明确的方向和要求。在此背景下，系统研究发达国家 NQI 建设的制度、政策和机制等特征，总结和归纳发达国家在 NQI 建设方面的先进经验，可以更好地规划和指导雄安新区质量基础设施建设实践，对雄安新区高质量发展目标的实现具有重要指导意义。同时，发达国家 NQI 建设经验和雄安新区的探索实践，有望对全国 NQI 能力的提升和高质量发展目标的实现产生良好的示范价值。

第二节　国家质量基础设施概述

一、国家质量基础设施的概念演进

质量基础设施（QI）的概念最早由德国联邦物理技术研究院（PTB）

于2002年提出，由UNCTAD和WTO于2005年正式对社会发布，此后QI作为未来世界经济可持续发展的三大支柱得到世界各国普遍认可。随后，UNIDO、世界银行（WB）、ISO、国际计量局（BIPM）等国际组织以及PTB、柏林工业大学等研究机构纷纷对QI的概念、内涵及其核心要素等开展了探索研究。

PTB认为，QI是一整套用以保障产品和流程，满足预定规范的体系。UNIDO将QI界定为建立和执行标准化实践的制度框架，包含合格评定（检验检测和认证）、计量和认可。国际可再生能源署（IRENA）则认为，QI是用于规范、制定、编辑和执行标准以及向社会提供符合性证明的所有制度网络和法律架构，可以向市场提供质量保证。2017年，发展中国家计量、认可和标准化网络（DCMAS）① 给QI下了一个新定义，认为QI是一个依赖于计量、标准、认可、合格评定（检验检测和认证）和市场监管要素的体系，由公共和私人组织机构，相关法律、政策和监管框架，以及提高商品、服务和流程的质量、安全性等所需的实践组成。综上所述，国家质量基础设施（NQI）是指一个国家和地区建立和执行计量、标准、合格评定（包括认证认可、检验检测）等质量体制机制框架的统称，既包括法规体系、管理体系等“软件”设施，又包括检验检测仪器设备、实验室等“硬件”设施，具有技术、生产和贸易等三重属性（见表1-1）。

① 发展中国家计量、认可和标准化网络（Developing Countries in Metrology，Accreditation and Standardization，DCMAS）是面向发展中国家的计量、标准化和认证认可国际网络。该网络成立于2005年，由BIPM、国际认可论坛（IAF）、国际实验室认可合作组织（ILAC）、国际电工委员会（IEC）、ISO、国际电信联盟（ITU）、国际法制计量组织（OIML）、联合国欧洲经济委员会（UNECE）、UNIDO等组织联合发起。2018年11月30日，更名为国际质量基础设施网络（International Quality Infrastructure Network，INetQI）。

表 1-1　NQI 的要素和属性特征

	要素		技术属性	生产属性	贸易属性
NQI	计量		主要解决单位制的统一和量值传递准确可靠	推动社会化大生产从经验走向科学	促使贸易达成的前提和基础
	标准		主要解决量的统一	深化社会化大生产的专业程度	建立最佳贸易秩序的基本准则
	合格评定	认证认可	主要解决量的公允	提升社会化大生产组织的质量保障水平	推动贸易便利化的重要工具
		检验检测	主要解决量的符合	提升社会化大生产产品与服务质量水平	推动贸易便利化的重要工具

图 1-1 是国际普遍认可的 NQI 框架，可以看出计量、标准、合格评定各要素之间相互作用和支撑，构成一个完整的技术链条。近年来，众多组织都将市场监管作为一个新的要求纳入 NQI 体系，但对于市场监管如何融入既有的要素框架、市场监管的具体作用方式及市场监管与其他要素之间的关系等问题仍在探讨过程中。

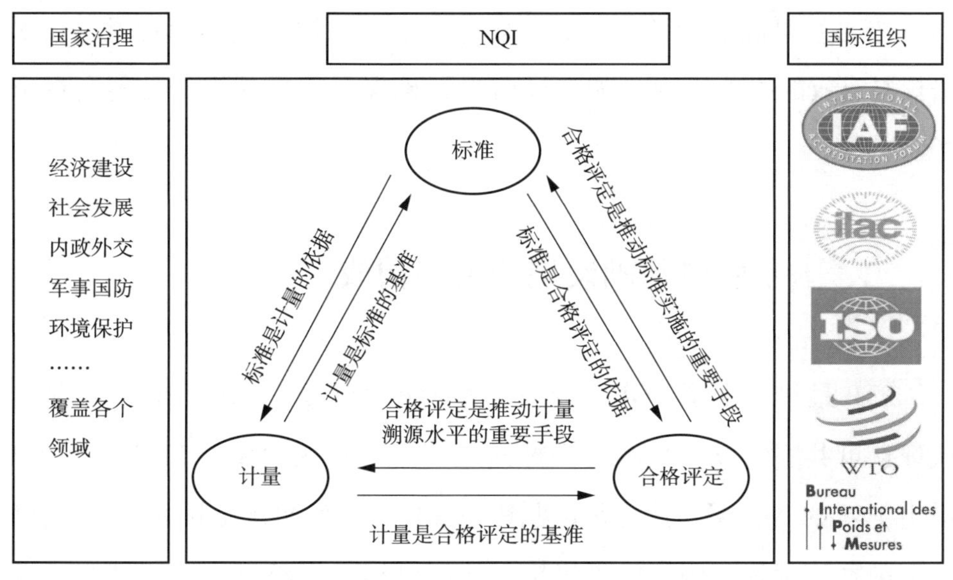

图 1-1　NQI 框架

2018 年，UNIDO 在其报告《质量政策：指导原则》中提出，QI 是一个由计划、机构、组织（公共和私人）、活动和人员组合而成的系统。QI 依赖于计量、标准、合格评定等要素。QI 的有效运作对国内市场是必不可少的，它的国际认可对于在本地和国外市场建立信誉至关重要。QI 是促进和维持经济发展以及环境和社会福祉的关键要素。

WB 和 PTB 则在 2019 年最新的报告《进入全球市场的质量保证》中，首次将 QI 视作一个生态系统，即 QI 生态系统，认为 QI 生态系统可以理解为包括一系列政策、相关法律和法规框架以及实践，用以支持和改进商品、服务和流程的质量和安全性。现代化的 QI 生态系统可以以多种方式满足政府、企业和消费者的需求：对于政府而言，QI 生态系统是支持相关贸易和产业政策并确保强制执行技术法规的机制；对于企业而言，现代化且高效的 QI 生态系统有助于降低生产成本、提高生产率，并使企业在国内外市场上更具竞争力；对于消费者而言，QI 生态系统可确保消费者健康与安全，以及保护环境和消费者。技术法规与有效的执法机制（如市场监督）确保了假冒伪劣产品不会在市场上交易。

二、国家质量基础设施的系统构成

PTB 最早提出了 NQI 要素，认为 NQI 由计量、标准、检验检测和认证认可共同组成，是解决全球质量问题的终极答案。2007 年，WB 提出了新的 NQI 要素模型（见图 1-2），认为 NQI 由国家标准化机构、国家计量院、国家认可机构、认证机构、检验机构、测试实验室以及校准实验室构成，组成要素之间互相作用，形成复杂系统，向企业输出检验认证、检测报告等价值产物。UNIDO 对 WB 提出的模型进行了改进（见图 1-3），主要区别在于，它认为 NQI 是一个由公共机构和私人机构组成的体系，其中计量、认可和标准是这个体系中最核心的部分，因而政府往往在这些机构的设立和发展上发挥重要作用；而校准、检测、检验和认证服务，既可以由公共机构提供，也可以由市场中的私人机构提供，且私人机构在这一领域中发挥着越来越重要的作用。

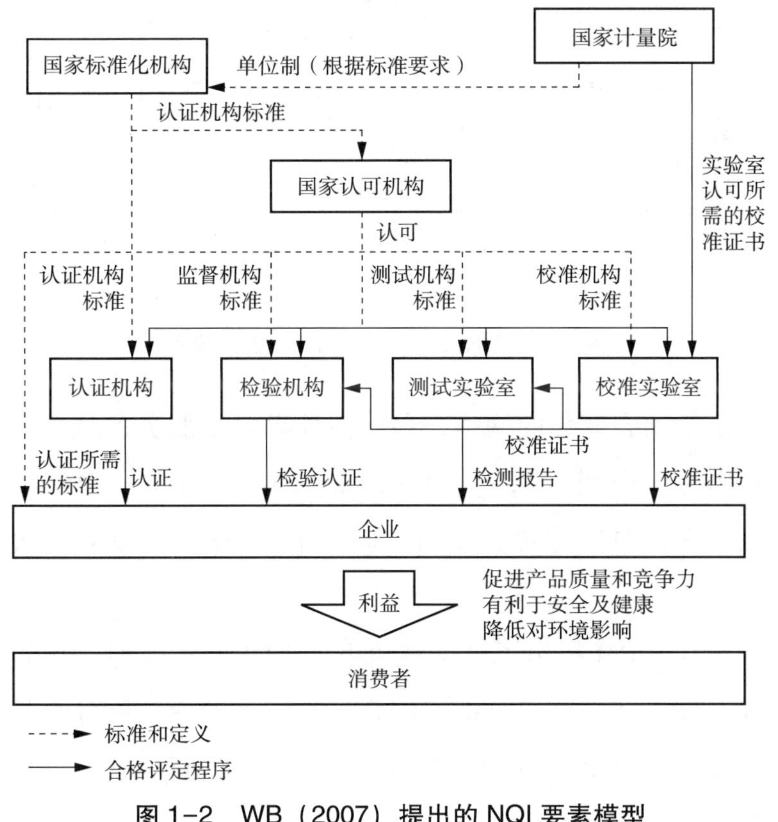

图 1-2　WB（2007）提出的 NQI 要素模型

后来，PTB 在 WB 的基础上提出了 NQI 支撑产业发展模型，将国际组织的作用纳入模型（见图 1-4）。模型对 NQI 支撑产业发展进行表述：从内部运转来看，NQI 内部的认证、标准、计量等要素产生连

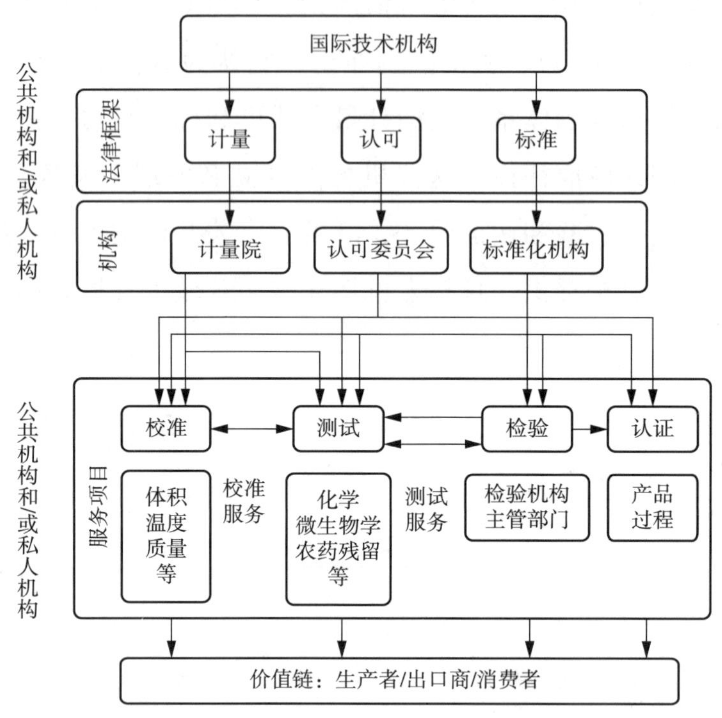

图 1-3 UNIDO 改进的 NQI 要素模型

接，形成复杂动态变化的网络，最终向外界输出服务；从外界作用来看，NQI 作为“中间人”，将国内产业与 IAF、ILAC、ISO 等国际化组织连接起来，向产业提供认证、标准以及校准等服务，从而产生价值。

2018 年，BIPM 提出了全球视角下的 NQI 要素模型，新的 NQI 要素模型（见图 1-5）将 BIPM、ILAC、ISO、IAF 等国际计量组织、认可组织、标准化组织作为核心，为国家与国家之间的贸易提供便利和服务。

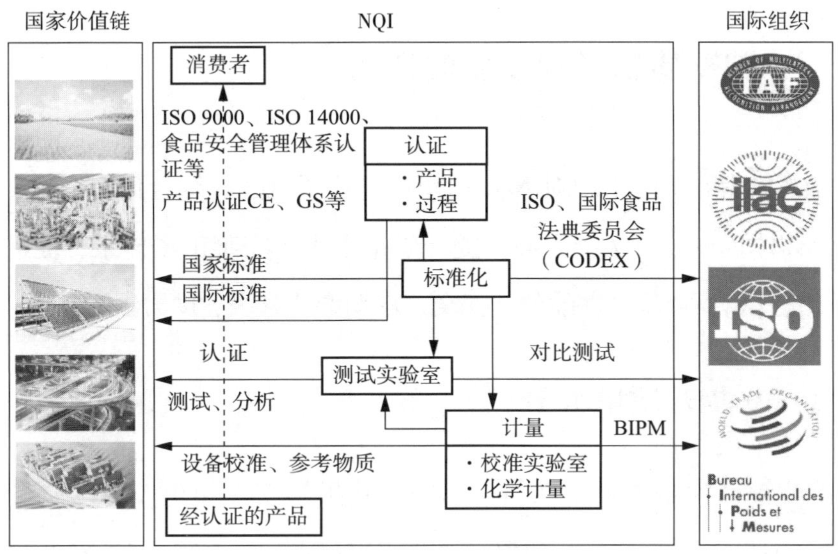

图 1-4 PTB 提出的 NQI 支撑产业发展模型

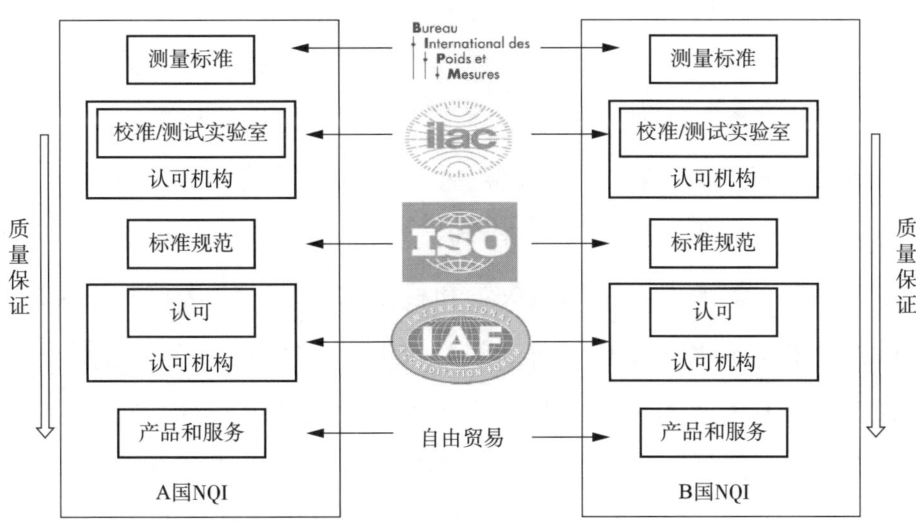

图 1-5 BIPM 提出的新的 NQI 要素模型

三、国家质量基础设施的作用

众多学者和国际组织对 NQI 的作用进行了阐述，综合而言，NQI 主要作用具体体现在以下 7 个方面：提升质量水平、完善市场体系、促进贸易发展、优化营商环境、保障公共安全、推动产业升级、助力国际联通。

（一）提升质量水平

NQI 被认为是解决全球质量问题的终极答案。NQI 作为以质量提升为目标的技术支撑体系，是保证质量的基础。能力适宜的 NQI 能够保证产品质量，先进的 NQI 能够促进产品质量水平提升。第一，NQI 涵盖的标准要素体现了对质量的技术性要求。标准是社会化大生产中建立规则和秩序的重要工具，缺乏标准的规范和自我约束，无法对现代化大生产从技术和管理上进行协调和统一，而先进的标准则能引领未来质量发展的方向。第二，NQI 涵盖的计量要素是质量提升的基准。从社会化大生产过程中看，没有准确的计量，就没有可靠的数据；没有可靠的数据，就谈不上正确的决策和科学的管理，无法控制正常的工艺过程，更谈不上质量提升。通过建立科学的计量基准和计量标准，有效组织量值传递和量值溯源，严格监督管理计量器具；通过计量理论研究提升测试手段和测量方法，可以为质量提升的可靠性和先进性提供支撑。因此，科学计量方法和计量数据是形成质量保障的重要基础。第三，NQI 涵盖的合格评定要素则是推动质量提升的重要手段。高水平的检验检测方式、公正高效的认可机构以及具有权威的认证机构将为产业和公众提供可靠的质量信息，对质量提升产生直接的促进作用。计量、标准、合格评定三者形成 NQI 完整的技术链条，构成质量保障体系。高水平的 NQI 保障了质量生产的最佳秩序、推动质量信息透明，进而对国家质量提升产生促进作用。

（二）完善市场体系

NQI 是构建市场体系的重要支柱，如计量保障交易公平性和精准性，深刻影响市场秩序的规范管理。NQI 是防止市场失灵的有效手段，如标准共享知识和信息，简化复杂多样性，降低不确定性，检验检测和认证认可建立并传递信任，有效缓解市场信息不对称的问题。NQI 有利于大幅削减行政许可和行政审批，相应地可通过自愿性标准、自愿性认证、第三方检测等市场化方式进行有效规制。NQI 也是增强市场效率的有效途径，通过 NQI 所建立的制度，有效地搜寻质量信息、达成合约、履行合约、处理质量违规等，提高市场配置资源的效率。

（三）促进贸易发展

国际贸易产生的条件之一就是要形成统一的市场和社会分工，而 NQI 有助于形成统一的市场，并促进社会分工，减少交易费用。正是因为在实践中发现计量、标准、合格评定对国际贸易具有显著的正向影响，许多国际组织才提炼出 NQI 的核心概念。例如，计量是把好贸易中数量关和质量关的重要手段，计量器具的量值是否准确将直接影响买卖双方的贸易达成和结算。标准是规范、约束和调节市场主体行为的基本准则，能在更大范围内统一技术要求。检验检测、认证认可有助于解决贸易往来中的信息不对称问题，特别是通过第三方认证和国际互认，有助于建立更加便利高效的贸易环境，消除贸易壁垒，降低贸易成本和风险，促进贸易发展。

（四）优化营商环境

NQI是营商环境的重要组成部分。所谓营商环境是指影响和制约商业企业经营活动的各种外部环境，包括制度法规、科学技术基础、地区文化、管理机构等。NQI具有制度和技术双重属性，在营商环境改善中拥有举足轻重的地位。例如，计量提供了市场交易的衡量手段，能够保障市场交易的公平性和精准性。标准作为一项基本准则，界定了产品和工艺的特性和性能，传递信息并且提供了沟通方式。政府中的市场监管部门、行业主管部门或市场自身可以对标准作出要求。检验检测、认证认可有助于建立商业信任体系，传递明确的质量信号，有效地减轻交易各方面临的质量信息不对称的问题。另外，作为有资格制定标准和技术规范的专业技术机构，NQI体系中的组织机构（如标准化机构或专业计量机构）具有很大的影响力，它们可以规范生产链和市场的进入方式，对私营产业部门发展产生影响。

（五）保障公共安全

NQI是保障公共安全、维护健康、生态平衡和环境保护的有效工具。在涉及公共安全、人身健康、环境保护等严格监管的领域中，通过法制计量、强制性标准、强制性认证、法定检验等可以实现公共治理的“底线”目标。NQI具有典型的公共产品特征，如果政府没有提供这些公共服务，就会威胁到公众的日常生活。例如，在安全的预防、控制、监测、管理、研究等技术工作中，所涉及的仪器设备、分析方法以及监控过程中所使用的物质及其量的确定，无一不需要通过计量的手段来对其进行一一验证。强制性标准能够保障产品和服务的质量，达到安全与健康的最低要求。检验检测、认证认可活动能够增强消费者对企业的信任，同时防止威胁公共安全的产品和服务进入市场，保障公众的公共安全和健康，并维持生态环境处于可持续发展状态。

（六）推动产业升级

NQI 是产业链的支撑基础，是创新链的关键环节，是价值链的增值要素。进入高质量发展阶段，产业结构面临基于全球价值链的再布局，增强经济质量优势，推动产业从中低端迈向中高端，需要强大的 NQI 作为支撑。

NQI 本质上是一个综合性的技术、制度与管理体系，包含着国家、区域、产业及企业不同层面的要素集成。从产业链的角度来看，企业对 NQI 服务的需求贯穿始终，反映在研发、采购、生产、市场准入、循环再利用的全链条中。NQI 通过标准的规范性和引领性、计量的基准性、认证认可的公允性、检验检测的符合性等功能，在促进科技创新、支撑产业升级方面发挥着重要的技术基础作用。例如，先进的标准能够带动从基础材料、基础元器件到重大装备、关键工艺乃至最终产品的整个产业链的质量提高，并为质量改进提供规划图，从而优化产业结构。第三方认证和检验检测能够减少质量信息不对称的问题，促使企业改进产品质量和管理，进而有效改善质量供给，促进消费升级，并从需求层面推动产业结构优化。

（七）助力国际联通

全球化的融入，在一定程度上依赖于与其他国家的对接联通。加强国家质量基础建设相关领域的对外合作，加快重点领域与国际接轨，对我国建设更为开放的工作格局尤为重要。

NQI 国际合作涉及标准信息平台的共建、贸易相关方认证认可共享数据系统的构建、互认评价机制的建立等，有效地促进了各国 NQI 信息共享、共建、共研，推动各国质量共同提升。比如，在“一带一路”建设中，NQI 是软联通的载体，更是硬联通的保证。“一带一路”认证认可双多边合作，有效解决“一带一路”沿线国家发展不均衡及认证认可差异化形成的贸易障碍。通过提出一套国际领先的典型工业产品认证认可区域互认方案，并在区域代表性国家开展示范和应用活动，有效消除贸易壁垒，促进贸易畅通，推动我国优势产业和先进产能“走出去”；通过认证认可体系评估、技术比对、能力验证等活动，加强与“一带一路”沿线国家政府和从业机构的沟通和交流，加大我国认证认可技术及规范的推介，以技术能力互信推动区域双多边合作，探索认证认可互利共赢发展模式，促进区域互认格局形成，提升我国认证认可国际影响力和话语权；通过强化产学研用协同攻关创新模式，加强从业机构与相关产业的良性互动，提高我国优势产业和先进产能的供给质量和效率，提升我国从业机构的技术能力和国际化视野，推动我国从业机构跟随装备制造、工程建设等优势产业和先进产能“走出去”，实现建设质量强国目标；通过 NQI 合作交流，实现全球技术资源汇聚，分享国外先进技术与经验，加强国际技术发展态势分析，达成更加紧密的国际联通。

第三节　研究思路和框架

如前所述，现有研究对 NQI 的概念、要素构成和作用做了大量的讨论，对 NQI 的基本概念、构成要素、运行机理、实施框架等理论问题的研究已初步成形。此外，WB、PTB 等机构针对国际上发展中国家或区域开展了不少的援助援建活动，与乌干达、泰国、菲律宾、乌克兰等国家的相关部门合作形成了详细的 NQI 系统建设提升方案。但整体而言，现有的大部分研究都是停留在 NQI 的理论探讨阶段，对于理论框架的应用、开发及其探索性实践方面还有很大的研究空间。因此，国家市场监督管理总局质量发展局和发展研究中心共同组织专家，对发达国家 NQI 建设经验进行系统梳理，总结发达国家 NQI 建设的经验和不足，得到新的启示，以期为我国国家和区域质量基础设施建设提供参考。

为了实现上述研究目的，本书以实证研究和比较研究为主要研究方法，对发达国家在建设 NQI 体系方面的政策法规、管理体制及具体实践经验进行广泛搜集和整理。针对不同国家，将其 NQI 按照构成要素分成计量、标准化和合格评定三大体系，在每一个体系中又力图全面收集相关的政策法规、战略、体制机制和机构等资料，NQI 研究框架见图 1-6。支撑 NQI 的资源基础和不同体系之间的协同合作对于 NQI 作用的发挥至关重要，因而本书对各国资源基础和系统整合情况也给予了很大关注。此外，各国通过 NQI 的相互联通实现贸易联通和可持续发展目标，因此本书还收集了质量基础设施区域和国际合作的相关资料。

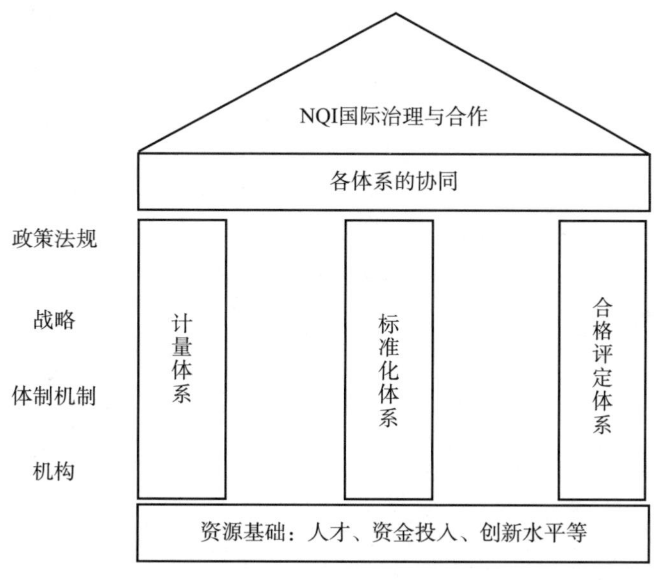

图 1-6 NQI 研究框架

第二章

CHAPTER 2

美国国家质量基础设施建设的经验

市场和竞争是美国自由经济观的基础，也正是经过充分市场竞争和博弈，美国逐渐形成了一套适应其经济特点和贸易需求、完备且有效的NQI 建设模式和运行机制。面对不断涌现的新科技和新产业，美国持续加大对 NQI 的投入并出台专门的政策，如在 2010 年出台了《制造业促进法案》，将计量、标准等列入国家全球战略；2014 年通过了《振兴美国制造业和创新法案 2014》，授权商务部在美国国家标准与技术研究院（NIST）框架下实施制造业创新网络计划，在全国范围内建立制造业创新中心；2017 年《美国创新与竞争力法案》正式生效，为提高基础研究方面的投资提供了政策基础。

第一节　美国计量体系

一、美国计量体系的主要机构

美国政府没有统一的计量法，各州计量法律法规主要来源于由NIST 起草，并被美国国家计量大会（NCWM）采纳的计量相关手册。美国各州自主地实行计量管理工作，各州均设有计量管理局（处），各局（处）都有自己的实验室，配备有商用计量器具和检定用的计量标准。

从国家层面来说，NIST 和 NCWM 在美国计量管理体系中发挥着重要的作用。NIST 作为商务部所属非职能管理机构，对全国法制计量工作进行业务指导，提供全国最高等级的量值传递溯源服务，制定并保存国家计量基准和高等级计量标准。NCWM 通过制定统一的计量规程和方法规范，对全国各州的计量工作进行协调，其主要工作领域是涉及消费者利益、公众健康和公共安全等的商业部门。为确保全国计量技术和测量条件的一致，1961 年 NIST 又成立了美国计量标准所会议（NCSL），也称为美国标准实验室会议。NCSL 是美国工业计量管理方面研讨计量器具校准、保障企业计量统一的组织，主要涉及次级测量标准、传递标准和工作标准如何保证量值统一的问题。

（一）美国国家标准与技术研究院（NIST）

1. NIST 概况

NIST 总部设在美国马里兰州盖瑟斯堡（Gaithersburg），分部设在科罗拉多州博尔德（Boulder）。NIST 现有科学家、工程师、技术支持及管理人员等各类员工约 3400 人（其中诺贝尔奖得主 5 名），并拥有约 3800 名来自学术界、工业界和其他政府部门的合作伙伴。NIST 在全美国 400 多个制造业延展项目服务点，与超过 1300 名制造专家及员工保持着合作关系。此外，为了促进研究成果的跨学科合作，NIST 另有以下 4 个联合研究所：①美国天体物理学联合实验研究所（JILA），位于科罗拉多州博尔德，是 NIST 和科罗拉多大学联合运营的世界级物理研究机构。迄今为止，JILA 出过两名诺贝尔奖得主。②生物科学与技术研究所（IBBR），成立于2010年，位于马里兰州罗克维尔市，其前身是生物技术高级研究中心（CARB）。IBBR使NIST和马里兰大学生物技术研究所建立了跨学科的合作关系。③联合量子研究所（JQI），位于马里兰州学院公园，是一个推进量子物理研究的新机构，由NIST与马里兰大学联合运营。④霍林海洋实验室（HML），位于南卡罗来纳州查尔斯顿，是一个国家沿海海洋科学中心。

2. NIST组织结构

NIST内部管理主要分为4大板块，组织结构图见图2-1。一是实验室板块，包括6个实验室：通信技术实验室（CTL）、工程实验室（EL）、信息技术实验室（ITL）、材料测量实验室（MML）、NIST中子研究中心（NCNR）、物理测量实验室（PML）。二是创新与工业服务板块，包括波多里奇（Baldrige）卓越绩效计划、霍林斯制造业延展合作伙伴项目和先进制造技术计划。三是院长办公室板块，包括公共事务办公室、项目协调办公室、国际和学术事务办公室、国会与立法事务办公室、管理和组织办公室。四是行政管理板块，包括收购和协议管理，安全、健康和环境管理，信息系统管理，设施和物业管理，财务资源管理，人力资源管理。

3. NIST的使命、愿景与核心价值观

NIST的使命：通过推动计量科学、标准和科技来保障经济安全，提升生活质量，从而促进美国的创新和产业竞争力。

NIST的愿景：成为在提供关键计量解决方案和促进公平标准制定方面的全球领导者，激发创新、增强产业竞争力并改善生活质量。

NIST的核心价值观：①坚持不懈（着眼于长远，用科学的知识和想象力规划未来，对利益相关者产生持续影响）；②诚信（有道德、诚

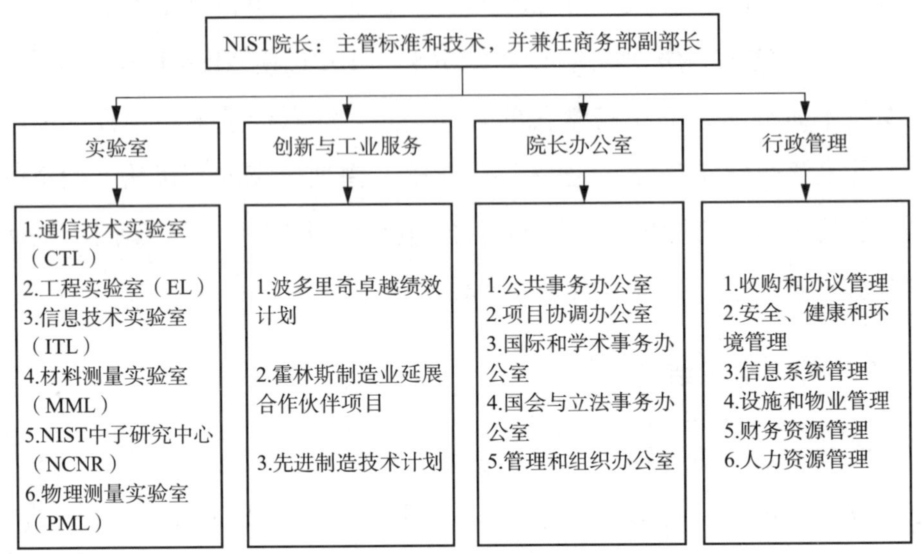

图 2-1 NIST 组织结构图

实、独立，提供客观的视角）；③包容（内外人员通力合作，获得应对多学科挑战的最佳解决方案）；④追求卓越（努力达到世界级的水平，并不断提高）。上述核心价值观被 NIST 视为其所取得成就的基石，是其服务客户、赢得公众信赖、开展工作和对待同事的指导思想。此外，NIST 还为自己设立了 4 条工作原则：①致力于满足国家基础性技术需求；②通过客户咨询确立工作重点，确保与客户当前以及未来的需求一致；③保持严格、开放、有竞争意识的工作作风；④对工作项目进行定期评估，以确保对纳税人的高价值回馈。

4. NIST 的法律地位

美国对 NIST 的管理采用“一院一法”的形式。《美国法典》（United States Code）第 15 专题（商业与贸易）的第 7 章是专门针对 NIST 的法律条款，被视为规范并指导 NIST 运行的主要法律依据。这些法律条款并不是一部独立的、长期不变的法律，而是在 1901 年《美国国家标准局机构法案》的基础上，通过不断整合、吸收不同公共法案中的相关内容而形成的一整套法律条款合集，涉及 NIST 机构变更、授权、重大职能调整、拨款等各个方面。与 NIST 相关的重要法案见表 2-1。

表 2-1　与 NIST 相关的重要法案

序号	法案名称	法条编号	核心内容
1	1901 年《美国国家标准局机构法案》	P. L. 56-177	授权成立国家标准局
2	1987 年《马尔科姆·波多里奇国家质量改进法案》	P. L. 100-107	创设“马尔科姆·波多里奇国家质量奖”，由国家标准局管理
3	1988 年《综合贸易与竞争力法案》	P. L. 100-418	拓展机构职能，将国家标准局更名为 NIST；院内设立生产扩展合作计划和先进技术部
4	2007 年《美国竞争法案》	P. L. 100-069	院内设立技术创新部以取代先进技术部
5	2011 年《美国竞争再授权法案 2010》	P. L. 111-358	授权政府 2011 财年—2013 财年 NIST 拨款，针对支持物理科学和工程研究的指定项目予以加倍拨款
6	2010 年《中产阶级减税和创造就业机会法案》	P. L. 112-096	授权 NIST 从无线网络创新基金获得部分资助，用于开发公共安全用户的前沿无线技术
7	2015 年《巩固与继续拨款法案》	P. L. 113-235	授权 NIST 在 2015 财年—2024 财年，每年拿出 500 万美元，用于支持制造业创新网络计划的实施

表 2-1（续）

序号	法案名称	法条编号	核心内容
8	2017 年《美国创新与竞争力法案》	P. L. 114-329	要求 NIST 制定和实施其实验室计划战略规划，授权 NIST 开展量子计算研究和开发量子计算机抗加密标准
9	2018 年《国家量子计划法案》	P. L. 115-368	授权 NIST 等 3 家机构，自 2019 财年—2023 财年共同投入 12.75 亿美元，落实计划、促进量子科学发展

这些法案的作用主要包括：

（1）明确机构设立的宗旨与定位

NIST 设立的宗旨：通过改组和拓展职能，促进私营产业部门主动运用先进技术；通过产学研合作推动研究成果转化，巩固并提升美国制造业能力。

NIST 的定位：最初，《美国国家标准局机构法案》给美国国家标准局（NIST 的前身）的定位是，为美国的科研、工程、制造、商务、教育等机构开发、维护标准与计量方法，提供科学、工程问题的技术与咨询服务。此后，1988 年《综合贸易与竞争力法案》指出，要充分发挥 NIST 作为政府领先实验室以支持美国提升工业质量及竞争力的作用。对改组后的 NIST 的定位是，提供测量、校准和质量保证技术，提升产品的可靠性，改进制造工艺，提升美国工业竞争力，支撑美国商业发展，并改善公共安全。

（2）明确 NIST 与政府的关系

这些法律规范明确了商务部与 NIST 之间的职能划分，规定了 NIST 院长兼任商务部副部长，由总统任命；规定了商务部部长可以授权 NIST 院长代为行使 22 项具体职能，包括授权 NIST 院长接受来自产业界的捐赠、同产业界合作开发共性技术等。

NIST 的主要人事权、财权及物权均归商务部所有。NIST 院长向商务部部长报告，并对研究院、研究院设备及职能的发挥进行全面监督。除院长外，其他官员由商务部部长任命。

此外，这些法律规范规定了 NIST 主要服务于美国政府，也包括美国政府所参与的国际机构、与美国建立友好关系的其他国家政府、美国州政府、在美国或其友好国家境内从业且需要使用标准或标准测量工具的特定协会等。

（3）明确 NIST 的职能

上述法律规范的条款中，明确了 NIST 的主要职能，包括研发、科研资助、人才培养、技术服务、信息安全管理、国际合作等方面。

（4）提供组织架构的法律依据

在原国家标准局视察委员会基础上，授权成立 NIST 先进技术评议委员会。新的委员会除具有原有的监督职能外，也增加了 NIST 内部管理的职能，包括审议研究院的组织架构设定、预算安排和运行计划等重大事项。委员会由院长提名的 15 名成员组成，其中至少 10 名应来自美国的产业界。相关法律法规还详细规定了上述委员会成员的任职资格及年限等。

NIST 被授予了技术转移职能，并成立了若干计划部门与中心，包括技术创新计划部、制造技术转让区域性中心、对各州提供科技支撑的计划部门等。成文法令对各类计划部门与中心的职能定位、运行方式、保障措施等具体内容也分别进行了详细规定。

5. NIST 的经费投入与绩效评估

（1）NIST 的经费投入

NIST 的经费主要来自政府拨款，另有部分来自服务性收入和其他机构支持。《美国竞争法》要求 NIST 在总统向国会提交预算申请时，也要提交 1 份“三年纲领性规划”，该规划要不断完善优化投资项目，解决国家优先发展的问题。表 2-2、图 2-2 给出了 2011—2020 年，这 10 年 NIST 项目经费情况，可以看出 NIST 经费持续增加的态势。

表 2-2　NIST 历年政府拨款　　单位：亿美元

年份	科技研究与服务经费	工业技术服务经费	研究设施修建经费	总计
2011	5. 070	1. 732	0. 700	7. 502
2012	5. 670	1. 284	0. 554	7. 508
2013	5. 798	1. 336	0. 560	7. 694
2014	6. 510	1. 430	0. 560	8. 500
2015	6. 800	1. 610	0. 590	9. 000
2016	6. 900	1. 550	1. 190	9. 640
2017	6. 900	1. 530	1. 090	9. 520
2018	7. 245	1. 550	3. 190	11. 985
2019	7. 245	1. 550	1. 060	9. 855
2020	7. 540	1. 620	1. 180	10. 340

（2）NIST 的绩效评估

NIST 的绩效评估机制可分为 3 个层面：一是作为商务部的一个部门，接受政府的业绩评估和效率评估，其评估报告作为商务部年度绩效报告的内容之一；二是 NIST 院长委托国家研究理事会（NRC）对其下属的实验室和研究中心进行同行评议；三是内部评估，对内部项目或者对外提供的产品、服务所产生的经济影响进行评估。

NIST 一般每两年开展一次实验室同行评议活动，每次大约由 150 名专家参与。评估委员会和专家组由 NRC 任命，专家包括工业研究和发展实验室的管理与研究人员、顶尖的学术研究者以及来自国家政府实验室的人员。评估委员会和专家组成员的任期通常是 2 年~6 年。同行

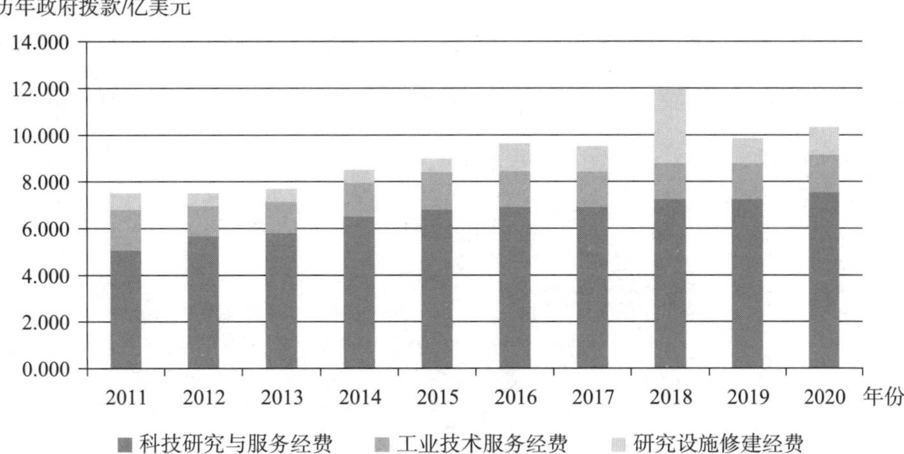

图 2-2　NIST 历年政府拨款情况

评议主要参照技术质量和价值、相关性、有效性、设施装备和人力资源的充足性 4 个标准展开。经济影响评估的对象是内部的研究项目或技术。NIST 对项目或者技术的经济影响评估主要利用经济学中的一些指标，如效益成本比率、社会回报率等。经济影响评估显示，美国政府对于科技创新和技术研发投入的回报率非常高。

6. NIST 战略规划

按照《美国竞争法》要求，当总统提交财政预算申请时，NIST 需一并提交 1 份“三年纲领性规划”给国会，以不断完善优化投资项目、解决国家优先发展的问题。在其 2017—2019 年规划中，NIST 提出的战略目标是：①巩固 NIST 实验室和相关机构来确保美国在计量科学方面的国际领导地位；②强化美国尖端制造能力；③通过有效的合作，最大限度地发挥 NIST 的影响力；④开发世界一流的运行和支持服务系统。

归纳起来，NIST 的战略任务主要围绕 3 个方面（见图 2-3）：一是根据发展的长期趋势不断优化世界领先的科技能力；二是以国家优先发展项目为依据，敏捷地制定计划，将 NIST 的科技能力应用于国家需求；三是在内部流程方面继续加强流程改进，使 NIST 的设施和人员发挥最大的作用。

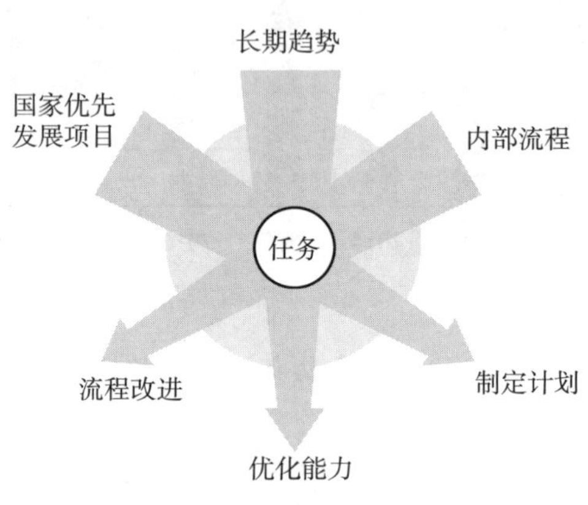

图 2-3　NIST 战略框架

NIST 通过研讨会、产业互动以及项目同行评议，来收集有关国家重大问题、科学和科技重大趋势、关键业务流程等信息，为新兴行业提供基础、强大且独立的测量工具和技术。NIST 最新关注的对美国经济产生重大战略影响的技术领域，包括：量子科学（quantum science）、人工智能和数据科学（artificial intelligence and data science）、工程生物学（engineering biology）以及物联网（internet of things）等。这 4 个技术领域反映了社会和科技发生的重大变化，需要 NIST 继续研发相关计量解决方案，提供可信的数据，聚集利益相关者并建立高效的合作伙伴关系。NIST 战略规划演进过程示意图见图 2-4。

NIST 战略规划的特点：①具有笃定的目标和定位，致力于帮助美国保持在技术和创新方面的主导地位；②注重基础研究，体现前瞻性和持续性；③注重产业服务，通过霍林斯制造业延展合作伙伴项目和波多里奇（Baldrige）卓越绩效计划，支持产业发展；④扩大影响力，

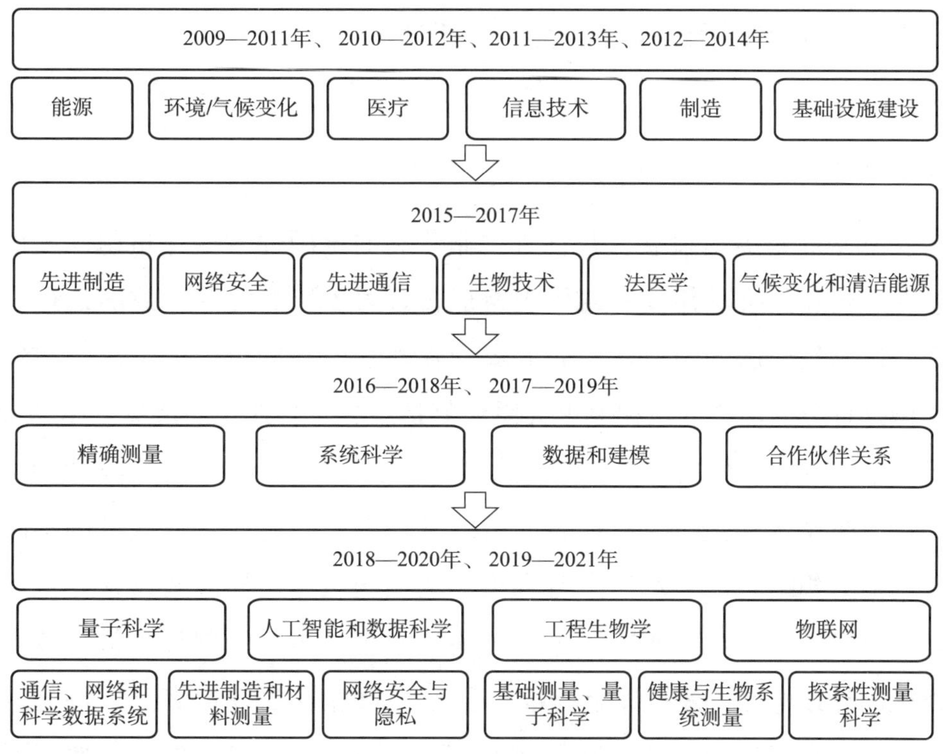

图 2-4　NIST 战略规划演进过程示意图

倡导多学科交叉和多部门合作，支撑美国经济竞争力和创新力；⑤严格按照 NIST 绩效计量和评估系统对所有项目进行持续评估，确保有效地进行资源分配和衡量投资回报率。

反映在计量科学方面，NIST 主要为产业界、学术界和其他联邦机构提供：①基本计量单位和导出单位的科学基础，提供校准服务以及有证标准物质；②支持公开、基于共识的标准和规范的制定，确保相关计量和测试方法符合要求；③不断强化核心能力，扩大计量科学的范围，满足国家重点需求，承担政府交付的研究任务；④提供公正的专业知识和领导力，促进商业化、便利商品和服务交换。

（二）美国国家计量大会（NCWM）

1. NCWM 概述

NCWM 是美国独立、非官方、非营利的全国性专业计量组织，由企业、州和国家联邦政府的代表组成，致力于研制协商一致的计量标准，以满足全国的消费者、商业界、管理部门和制造商的需求，并使美国这种分而治之的法律制度体系更好地服务于多样化的市场。NCWM 还和 NIST 的计量办公室密切合作，特别注重计量标准的可操作性和实用性。NCWM 通过将政府代表成员的管理经验和商业企业成员的实际技术能力相结合，制定完全符合市场的实施政策、检测和设备评审规程以及培训项目。NCWM 通过企业的专家直接参与研制反映最新技术发展的计量标准，使得计量标准的研制不仅能够更好地满足市场的需要，还提高了计量标准研制的效率。更重要的是，工商界和消费者对实施的计量标准都表示满意。

2. NCWM 职责

NCWM 的职责包括：①负责管理大会和委员会的所有活动；②实施国家型式评价计划，通过 12 个授权的实验室按照国家制定的性能标准对新计量器具的设计、特性、操作特征和性能进行审核，以满足美国 50 个州对计量器具的不同要求，NIST 为委员会提供技术支持；③制定 NIST 44 手册《称重和计量器具的规程、误差和其他技术要求》、NIST 133 手册《包装商品净含量的检验》等，并根据以上手册对全国的计量管理官员和企业代表进行培训。

3. NCWM 工作程序

NCWM 听取所有的意见，是一个致力于协商一致的计量标准研制机构，得到了管理部门和工商界代表的高度称赞。NCWM 已经形成了模式化的计量标准研制程序，包括：①计量协会发现问题后经过充分讨论，如果有必要就提交到全国范围讨论；②NCWM 委员会对市场出现的计量方面的问题提供建议；③由 NCWM 管理者审批。

NCWM 计量标准研制过程的时间节点：①讨论的问题必须在每年 11 月 1 日前提交给相应的委员会，每个委员会对提交的项目进行审核并准备工作计划。所有委员会的全部工作计划于 12 月公布并发给 NCWM 的全体成员。②NCWM 每年 1 月举行临时会议。临时会议上，大家可以就所有待解决的问题进一步现场讨论。会议结束后，各委员会和技术顾问一起起草最终报告。委员会的最终报告于当年 5 月出版并发送给 NCWM 的所有成员，在 7 月份召开 NCWM 年会之前，所有成员都可以发表意见。③在 NCWM 的年会上，委员会对临时会议之后接到的所有意见进行审议，举行公开的听证会，进一步讨论问题，必要时根据建议进行修改，汇总出最终报告，然后将最终报告交给代表进行投票。表决通过的内容汇编入每年新版的 NCWM 手册并于 11 月出版，以便在次年 1 月 1 日生效之前成员能够及时掌握新的要求。

4. NCWM 特点

NCWM 通过企业的专家直接参与研制反映最新技术发展的计量标准，且在计量标准研制的过程中确保“人人都有发言权”。NCWM 拥有这样一个畅所欲言的环境是合理、高效的，也是通过这种方式研究、解决了最重要的经济问题。例如，NCWM 在全国范围内分析、改进了牛奶的标签净含量、商店电子扫描仪的准确度和零售加油泵的性能等。

随着电子商务的发展，为了给顾客提供更加快捷、优质的服务，NCWM又开始研究解决及时送货和准确的存货清单所要求的先进计量技术。

（三）美国计量标准所会议（NCSL）

NCSL是一个非营利的、面向美国所有计量所（室）的计量管理组织，会议代表是工业部门、国防部门、科研部门的标准实验室和计量所（室）等。其宗旨和任务是：①举办技术讨论会，讨论有关计量技术和管理问题；②收集和报道计量标准所（室）的组织和工作评定情况；③交流先进的检定方法；④协助交流标准所（室）检查测量的一致性，开展工业计量工作。

二、美国计量体系的体制和机制

（一）计量体系的法律基础和依据

美国政府的计量工作分散在NIST和各个相关政府部门中，同时实行各州自主的分散管理体制，至今没有政府层面的计量行政管理机构和统一的计量法。法制计量工作的开展依据《美国宪法》第一条第八款的相关规定：国会有权确定度量衡的标准。

为保证全国计量工作的协调和量值的统一，NIST及其主持的NCWM通过制定统一的计量规程和方法规范，对全国各州的计量工作进行协调。NCWM统一制定对商用计量器具和法制计量管理的一般要求，制定了NIST 44手册《称重和计量器具的规程、误差和其他技术要求》、NIST 133手册《包装商品净含量的检验》等。列入这2个手册的计量法规、自愿性标准或规范就成为各州制定相应计量法规的基础和依据。

值得注意的是，NCWM无权制定法律法规，它所采纳的NIST手册只是作为法律法规的模板，推荐各州采用或作为参考，并不是实质的全国性法律法规。各州根据自身情况，有些只是采纳NIST手册部分内容而制定为州的法律法规，有些州甚至根本不制定相关计量法律法规，例如21个州没有《司秤员法》，28个州没有《单价标识法规》。根据2015年的统计数据，NIST 130手册《统一法律法规》中的《度量衡法》已经在不同程度上被全美50个州所采纳，其中大部分州要么完全照搬为本州的法律，并与NCWM版本保持自动更新；要么使用不同年份发布的手册中的《度量衡法》作为本州的法律，但是仍然将NCWM版本的手册作为指导性文件。

（二）计量体系的管理

美国的计量管理体制，除了对涉及消费者利益的商业，特别是零售商业实行法制计量监督以外，工业、科研、国防部门的计量工作均由本部门协调进行监督管理，即自主管理。在计量工作方面，各个州有独立的计量立法和管理权。

1. 国家层面的计量管理

美国政府的计量工作分散在NIST和各个相关政府部门中，没有国家级的计量行政管理机构。

（1）管理机构和部门

NIST等技术机构提供全国最高等级的量值传递溯源服务，制定并保存国家计量基准和高等级计量标准。在政府部门方面，涉及法制计量管理的主要部门有美国农业部、食品药品监督管理局（FDA）（医疗仪器、农药）、食品安全检验局（肉类）、粮食检验局、联邦贸易委员会、烟草税收局、环境保护局（空气、水和土壤）、职业健康与安全管理局、国家高速公路运输安全管理局（超载、超速）、消费者保护委员会、公共事业委员会等。

（2）管理对象及分类

美国的计量管理体制对涉及消费者利益的商业（特别是零售商业）实行强制计量监督。其遵循的一条原则是：绝大部分用于跟消费者有关的商业贸易的计量器具都需要强制管理（主要是指检定）。而对于工业领域使用的计量器具，由企业实行自主管理，政府部门不予强制计量监督。

（3）法制机构

美国目前共有 45 个法制计量实验室有资质开展强制检定工作。全美除了 5 个州不设立或被取消法制计量实验室外，每州设立一个法制计量实验室。由于各州的法制计量实验室都得到了认可，所以各个法制计量实验室的检定结果互相认可。当需要强制检定计量器具时，可以到任何一个州的法制计量实验室进行强制检定。对于没有法制计量实验室的 5 个州，其强制检定计量器具可以到其他州的法制计量实验室送检。

2. 州及州以下政府计量管理

美国绝大多数的州下设县，县下设市，纽约除外（市比县大）。美国各州政府有独立的计量立法和管理权，计量行政执法由各州、县、市政府的地方计量管理机构执行。各州基本上都在农业部门内设有度量衡（计量）管理局（处），各局（处）都有自己的实验室，配备有商用计量器具和检定用的计量标准。州的计量实验室经过认可后获得法制计量实验室的资质，开展对强制检定计量器具的检定工作，例如秤、加油机、出租车计价器。各州根据全国计量大会采纳的 NIST 130 手册《统一法律法规》分别制定相关法律法规。

（1）管理方式

州及州以下的政府计量管理大体有3种方式：一是由州直接管理；二是州和市（或县）双重管理；三是在州的监督下的地方管理，即由更下一级的机构具体实施量值传递，州制定法规，并监督其执行。

县级计量机构的重点是市场计量监督执法，其优势为机构职责明确，管理严格，重点突出，任务饱满，经费充足，效率较高。在美国，相关企业注册登记时，需缴纳相应的费用（一般和经营注册费一起缴纳），保证了检定费的来源。

（2）管理对象

定量包装商品是各州在商业贸易领域的重点管理对象。各州根据NIST 133手册《包装商品净含量的检验》制定州的法律法规，从而开展对定量包装商品的监督检查工作。定量包装商品抽查地点分为产品生产包装点、批发超市和零售点3处。美国定量包装商品管理方面的工作抓得早，市场比较规范，超市中销售的包装商品都标明有净含量和各种成分的含量，而且还标明偏差。州、县级计量部门严格根据这些标准及依据，到市场抽样检查，必要时也可以到企业抽查预包装商品。美国定量包装商品的计量监督检查非常规范和严谨，强调全美国执法的一致性和统一性。

水表、电表、燃气表、热量表等“民用四表”也是重点管理的计量器具，但是一般由政府授权给燃气公司、水务公司等相关公司进行管理。如南加州燃气公司每年对所用燃气表按照2%的比例进行抽查，抽查人员由公司安排，州政府保障资金，并不定期监督检查燃气公司所有抽查程序和检测数据等。

（3）管理特点

州、县级计量机构将市场执法检查作为非常重要的工作。市场执法检查的重点领域是用于贸易结算的计量器具是否失准，定量包装商品是否有负偏差。计量管理人员在进行现场检查时，具备执法权力。如果计量器具不符合要求，检查人员可以当场铅封计量器具，停止其继续使用；情节严重的，还可以立即报警，在警察协助下，当场取证后向有关法院起诉相关企业。

三、美国计量体系的特点

1. 行政管理与市场的关系

美国计量部门侧重于监管与贸易结算有直接关联的计量器具，对计量器具企业更多的是提供帮助和指导，除计量器具型式评价外，没有太多的行政强制，倾向于由市场起决定性作用。

美国政府对零售商业领域实施监督，对商业贸易中使用的计量器具进行强制管理。美国地方计量机构的一项重要日常工作就是监督零售商店，经常突击抽查或秘密调查出售的零售商品量值。而在工业领域，则由工业企业自行管理。政府利用产品（服务）质量市场竞争机制迫使企业提高对量值溯源重要性的认识，促使企业提高在市场上的竞争力，因此企业的自我责任意识较强。

2. 法制计量管理

（1）在强制检定目录方面

美国法制计量工作调整的范围主要是商业贸易领域，除了加油机和地磅由国家层面统一检定以外，各州需要强制检定的计量器具不尽相同，但是用于商业贸易计量的器具一般都需要强制检定。强制检定工作一般由各州的法制计量实验室（美国的法定计量检定机构被称为法制计量实验室）承担。目前美国国内需要强制检定的计量器具大小种类上百种，没有统一查询的目录。可见，美国的强制检定计量器具各州不同，难以在国家层面形成统一的目录。

（2）在型式评价与制造许可方面

美国制造计量器具未实施许可证管理，但无论企业研发的新产品还是企业第一次生产的用于贸易结算的产品，企业在批量投产之前必须经过型式评价，在产品的铭牌上打上型式评价标记才准许销售。承担型式评价的机构要经 NIST 授权（目前，美国有 5 家实验室承担型式评价测试，NIST 自身并不承担型式评价任务），并接受严格监督，这样便从源头上把住了计量器具产品质量关，而且采用统一的测试大纲，避免对同一计量器具由于测试方法不同而造成测试结果不一致。如果产品送到经 OIML 认可的型式评价实验室，那么该型式评价报告将在全球范围内所有 OIML 的成员国内互认有效。

（3）在法定机构方面

美国法制计量实验室数量很少，目前共有 45 个，其主要任务：一是检测涉及贸易结算的计量器具的质量、长度和温度等；二是代表政府部门为工业企业提供计量校准服务；三是为制药、冶炼、生化、医疗、环境等领域提供技术服务。法制计量实验室通常自觉接受 NIST 的监督，同时根据 NIST 143 手册《国家计量实验室程序手册》等进行内部管理。设立法制计量实验室需得到 NIST 国家实验室认可项目的认可，或者被任何一个国际认可机构（该机构需得到 ILAC 的认可）认可，也可以直接通过 NIST 的计量部门考核。

3. 企业的主体责任与监管部门职能定位

在美国，政府对工业计量完全放开。企业自行主动完成量值传递溯源，政府计量行政部门的职能只是帮助提供自愿性标准（比如 NIST 手册），鼓励企业加入相关行业协会，或者提供技术咨询和帮助，以协助企业成长。企业自由、自愿选择相关机构进行校准溯源。一旦出现问题，企业承担主体责任。

4. 人员管理

在美国，企业计量检定、校准人员可由企业内部自行根据工作内容和需要组织培训考核，无需政府计量部门考核颁证。任何由于企业计量人员能力问题引起的事故，企业自行承担全部责任。因此，企业为了提高内部计量人员的能力与计量水平，会定期邀请计量技术机构和专家对内部人员进行培训与监督。由于企业计量人员与企业本身是利益直接相关方，对计量人员能力的培训与监控无论从时间上还是责任上，都是企业自行负责较为合理。

第二节　美国标准化体系

一、美国标准化体系的主要机构

1. 美国标准化机构概况

自愿性标准化体系是美国标准化体制的基础。美国大约有 700 家机构在制定各自的标准，既包括政府机构，又包括非政府机构，诸如标准化机构、科学和专业学会、工业与贸易协会、其他社团组织及非正式标准制定机构等。按性质，美国标准化机构大致可分为3大类：以美国国家标准学会（ANSI）为协调中心的国家标准化体系；政府的标准化机构；非政府机构（民间团体）的专业标准化体系。

具体而言，在政府部门范围内最主要的标准化参与主体为NIST，它拥有众多的联邦实验室，主要对地方和企业进行技术转移，协调政府与私营产业部门之间的标准化工作等。此外，还有如国防部、FDA等政府机构，这些机构是标准化的参与者和使用者。美国公共与预算管理办公室（OMB）负责对这些政府部门和机构的标准化活动进行监督。其中，国防部仍然是政府机构中最大的标准制定部门，主要制定军事规范、军用标准等标准文件。近年来，美国对军用标准进行改革，鼓励和支持国防部系统使用非政府标准，只有在特殊情况下才制定和使用军用标准。美国试验与材料协会（ASTM）、美国机动车工程师协会（SAE）、美国航空航天工业协会（AIA）、美国电气与电子工程师协会（IEEE）等则是典型的非政府机构，在美国标准化发展过程中始终发挥着举足轻重的作用。这些民间机构制定的标准具有权威性，不仅在国内享有良好的声誉，还在国际上得到高度评价而被广为采用。ANSI是由政府授权的国家标准认可机构，是美国自愿性标准化体系中的协调中心，其主要任务是组织协调国家标准化活动，也负责对合格评定机构进行认证。

2. 美国标准化机构分工

美国3种类型标准化机构的分工和管理权限：①ANSI的主要职能包括协调国内各机构、团体的标准化活动；审批美国国家标准；代表美国参加国际标准化活动；提供标准信息咨询服务；与政府机构进行合作。ANSI的地位非常重要，但是它的身份仍是民间机构，只是获得了官方认可并赋予其相应的职能。②非政府机构负责制定本专业领域的标准，其在美国标准化活动中发挥主导作用，这也是美国自愿性标准化体系的又一大特点。③美国政府的标准化机构以政府公共采购为主要对象制定标准和产品规范。例如国防部负责军用标准的制定，美国农业部、环境保护局、FDA 等政府机构分别负责制定各自领域的标准。

3. ANSI 简介

（1）ANSI 概述

ANSI 是美国自愿性标准化体系的协调者，成立于 1918 年，其前身是由美国电器工程师协会、美国机械工程师协会、美国土木工程师协会等组织共同成立的美国工程标准委员会（AESC）。商务部、陆军部、海军部也参与了该委员会的筹备工作。1928 年，AESC 重组并更名为美国标准协会（ASA）。1966 年，ASA 重组为美利坚合众国标准协会（USASI）。1969 年，USASI 进行了全面重组，更名为 ANSI，并成为美国国家标准的批准机构。

ANSI 由企业、标准制定组织、贸易协会、专业和技术协会、政府部门、劳工组织和消费者代表组织共同组成。作为美国国家标准管理和协调机构，ANSI 的主要任务是组织协调国家标准制修订工作、认可标准化组织、组织建立合格评定体系，并代表美国组织协调参与国际标准化活动。此外，ANSI 还负责国家标准及其出版物的销售和服务，拥有国家标准的版权和出版、发行权。ANSI 的经费来源于会费；标准资料出版、发行和销售的经营性收入；面向社会的技术服务收费等。ANSI 的目标是通过促进自愿协商一致的标准和合格评定制度，维护其诚信，提升美国企业的全球竞争力和美国人民生活质量。

（2）ANSI 组织结构

董事会是 ANSI 的决策机构，由各企业、专业团体、研究机构、政府机关的代表组成。董事会下设审计委员会、提名委员会、执行委员会、薪酬委员会、财务委员会等；在董事会休会期间，执行委员会代其行使职权。ANSI执行委员会又包括上诉委员会、专门委员会、成员论坛、政策咨询小组等业务部门。ANSI组织结构图见图2-5。

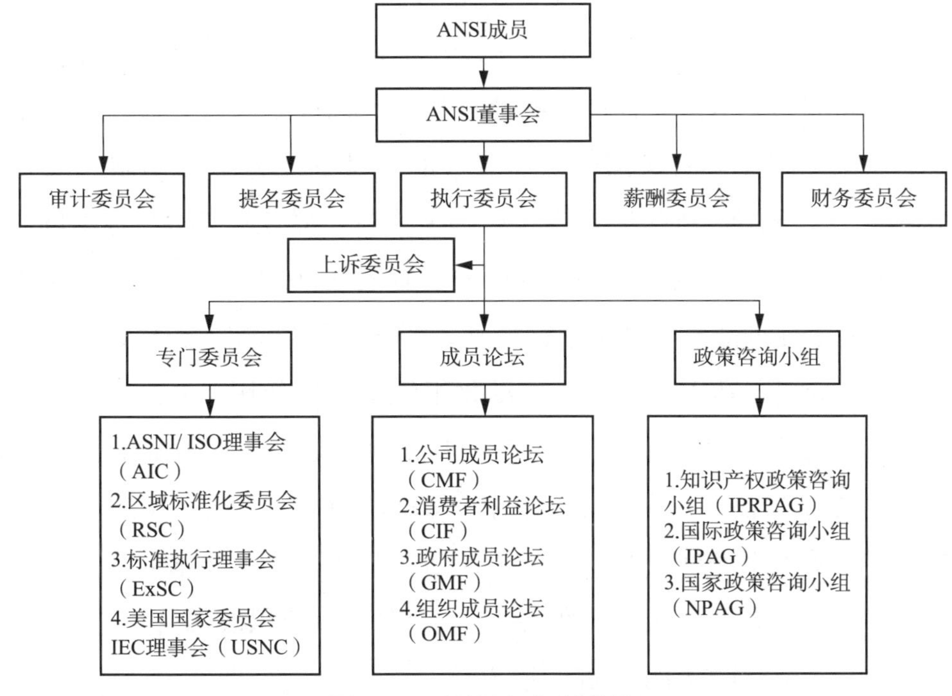

图2-5 ANSI组织结构图

ANSI遵循自愿、公开、透明和协商一致的原则，通过这些业务部门为政府、企业、社会组织和个人等提供公开透明的标准制定和发布平台（成员论坛）；确保ISO和IEC在所有政策和技术层面兼顾美国利益，为美国企业参与国际标准化提供情报和支持［ANSI/ISO理事会（AIC）］；为标准化机构提供认可服务，并促使其标准上升为美国国家标准［（标准执行理事会（ExSC）］；还可以通过提供政策咨询，影响美国国家标准化战略，起到政府行政管理机构的作用（政策咨询小组）。可见，ANSI是政府和民间标准化系统之间的桥梁，已成为美国国家标准化活动的协调中心。

（3）ANSI 的标准化工作

ANSI 的主要目标是通过促进自愿协商一致标准并保证其完整性，来提高美国的商业水平。ANSI 积极参与美国国家标准化和国际标准化工作，是美国标准化战略的主要倡导者。尽管 ANSI 本身很少制定标准，但它为标准起草人员提供了一个中立的场所，促使其共同合作制定共识标准和美国国家标准；在此过程中，标准起草人员必须始终遵守“ANSI 基本要求：美国国家标准的正当程序要求”。公开和公正的 ANSI 程序和原则，确保感兴趣和受影响的各方都有机会参与标准的制定。ANSI 还会向参与者提供标准开发过程的访问和数据，也包括上诉机制。除了促进形成美国国家标准外，ANSI 还在国际上积极推广美国标准，倡导美国在国际和区域标准化组织中发挥作用，并鼓励采用国际标准作为美国国家标准。ANSI 代表美国，是 ISO 和 IEC 等国际组织的直接参与者，并在其理事机构中发挥了强大的领导作用。ANSI 参加了几乎整个 ISO 和 IEC 的技术计划，并且是泛美技术标准委员会（COPANT）、太平洋地区标准大会（PASC）等的积极成员。

（4）ANSI 批准国家标准的形式

ANSI 是美国国家标准化活动的中心，许多美国标准化学会、协会的标准制修订都同它进行联合。ANSI 批准标准成为美国国家标准，但它本身很少制定标准，标准是由相应的标准化团体、技术团体、行业协会和自愿将标准送交给 ANSI 批准的组织来制定。ANSI 遵循自愿性、公开性、透明性、协商一致性的原则，采用以下 3 种方式制定、审批 ANSI 标准：①由有关单位负责草拟，邀请专家或专业团体投票，将结果报 ANSI 设立的标准评审会审议批准。此方法称之为投票调查法。②由ANSI 的技术委员会（TC）和其他机构组织委员会的代表拟订标准草案，全体委员投票表决，最后由标准评审会审核批准。此方法称之为委员会法。③从各专业学会、协会团体制定的标准中，选取较成熟的且对于全国普遍具有重要意义的标准，经 ANSI 各技术委员会审核后，提升为国家标准并冠以 ANSI 标准代号及分类号，但同时保留原专业标准代号。

ANSI 的标准绝大多数来自各专业标准。各专业学会、协会团体也可依据已有的国家标准制定某些产品标准。当然，也可不按国家标准来制定自己的协会标准。美国认为，强制性标准可能限制生产率的提高。被法律引用和政府部门制定的标准，一般属于强制性标准。

（5）ANSI 在国际标准化体系中的地位

ANSI 经商务部正式认可，代表美国参与 ISO、IEC 等多个国际组织和地区组织，例如：ANSI 代表美国担任 ISO 技术委员会主席 119 个，占全部 238 个技术委员会主席的 50%；承担技术委员会秘书处工作 32 个，占技术委员会的 13.44%；承担分技术委员会（SC）秘书处工作 81 个，占分技术委员会的 15.54%；主持标准工作组 487 个，占 ISO 工作组的 18.79%；作为会议召集人 528 次，占 ISO 会议总数的 26.47%。

ANSI 代表美国担任 IEC 技术委员会主席 35 个，占全部 100 个技术委员会主席的 35%；ANSI 承担技术委员会秘书处工作 12 个，占技术委员会的 12%；ANSI 承担分技术委员会秘书处工作 11 个，占分技术委员会的 14.28%。

承担和保持美国在 ISO、IEC 以及其他主要国际和区域标准化组织中的技术领导地位是 ANSI 的优先任务，例如：ANSI 副主席连任 ISO 合格评定委员会（CASCO）主席；ANSI 成员，美国消防协会（NFPA）前主席选任为 IEC 主席；ANSI 主席连任 COPANT 主席等。此外，ANSI 通过美国国家委员会（USNC）代表美国参与了 ISO 及 IEC 的大量技术工作，并通过制定标准化政策和编写标准化出版物等方式，对世界各国的标准化进程产生影响。

由此可见，ANSI 在国际标准化体系中也占据着重要地位，从而有力支持了美国标准在全世界发挥作用。

二、美国标准化体系的体制和机制

美国的标准化体制包括：以协会标准化为核心的自愿性标准化体系；为辅助法规强制实施而由政府主导的标准化体系；相对封闭的军方标准化体系。这种混合型的体制灵活地支撑着整个社会不同的标准化需求。

1. 自愿性标准化体系

自愿性标准化体系是美国标准化体制的基础。美国于 1996 年颁布的《国家技术转让与推动法案》（NTTAA）明确指出：政府在立法和采购中尽可能采用自愿性标准，并积极参与民间标准化活动。自愿性标准化体系由作为协调者的 ANSI 和大量标准化协会组织构成，在市场的指挥下开展标准化工作，完成的标准由市场自愿采用。

（1）ANSI 是自愿性标准化体系的协调者

ANSI 是由政府授权负责标准化体系协调工作的非营利机构，代表超过 12.5 万家公司以及 350 万专业人员的利益，其会员包括政府机构、社会团体、企业、学术机构、国际机构以及个人，覆盖了几乎所有的行业和学科。ANSI 的主要职责是将私营产业部门和政府部门以及经认可和未经认可的标准制定组织集合在一起，为标准团体以公平和公开方式制定标准提供应遵循的程序和指南，并批准和发布美国国家标准。ANSI 基于“良好行为规范”对一部分标准化组织进行认可，经过认可的标准化组织可以将完成的标准提交 ANSI，并经过批准成为美国国家标准。

ANSI 是自愿性标准化体系的协调者和重要参与者，但并不是主导者，这是因为有超过一半的协会标准化组织并没有与 ANSI 产生直接的联系。这些协会标准化组织可能既不是 ANSI 认可的标准化组织，又没有经由 ANSI 认可制定美国国家标准，也不能通过 ANSI 渠道参与 ISO/IEC 国际标准的制定，但是其具有强大的生命力，面向市场制定和推广标准，得到用户的广泛认可，是美国标准化组织的中坚力量。

（2）协会标准化组织是自愿性标准化体系的主导者

协会标准化组织是由市场主体基于需求建立起来的以标准开发和推广为目的的协会型组织，参与者包括感兴趣的厂商、消费者以及代表公共利益的政府机构等。在协会标准化组织中，政府机构仅仅作为标准化工作的参与者，与其他参与者的地位是平等的。

美国的协会标准化组织大概有 4 种组织类型，即非营利组织、有限责任公司、半自治模式和非法人实体。在这 4 种组织类型中，标准化组织采用最多的是非营利组织的形式，因为在附加某些财务要求的条件下，这种类型的运营成本最低，仅有税收负担；有限责任公司成本较高，但是管理更加灵活，可以方便处理收益分配；半自治模式适合于期望专注于标准化工作的协会，将流程和合规的责任交给挂靠的标准化组织，例如当前颇为活跃的工业互联网联盟就是挂靠在对象管理组织（object management group）——计算机标准行业协会之下的；标准化组织也可以采用非法人实体的模式，但是有较大的限制，例如无法独立地与其他法人合作，不能签订合同等。灵活的法人实体形式以及简易的注册机制为协会标准化组织的蓬勃发展提供了良好的治理环境，是美国自愿性标准化体系的重要制度保障。

（3）协会标准化是美国标准化体系的核心

由于协会标准化工作贴近市场、形式灵活、组织开放、吸收了最好的技术人员参与标准制定，同时又能够平衡各方利益，产出的高质量标准成果得到了社会和产业界的广泛认可。协会标准化作为美国标准化体系的核心，也得到了 NTTAA 的进一步确认。NTTAA 要求政府部门一般不能制定标准，尽可能采用由协会标准化组织制定的标准，从而形成了独特的标准化公私合作模式。NTTAA 的实施极大地促进了协会标准化组织的发展。

（4）自愿性标准化体系的优缺点

美国的标准化体系非常独特，以民间标准化组织和产业利益相关方为主导，制定自愿性标准，对于涉及安全、健康和环境等方面的要求，则通过立法采用自愿性标准来强制执行，ANSI 和政府主要起到协调和干预的作用。由于美国是一个高度多元化的社会，这种自愿性标准化体系更灵活，便于应用，并且能迎合市场的需求，促进行业的技术发展和竞争；其缺点是这种体系较为分散，且容易出现重叠和冲突的标准，难以协调，不利于管理和壮大。

2. 面向政府采购的标准化体系

在一些特殊的领域，美国政府通过立法方式明确由特定政府机构主持标准的制定，并将所制定的标准作为支持法规实施的必要技术要求，通过法规得以强制实施。典型的例子是在“9·11”之后，美国为保障政府信息技术安全而采取的政府采购安排，即 2002 年 12 月发布的《联邦信息安全管理法案》（FISMA）。

（1）FISMA 授权政府信息技术采购的标准制定

为了保障政府信息系统的完整性、保密性和可用性，FISMA 授权各个管理部门行使国家信息安全管理职责，包括授权 NIST 为政府使用的系统制定安全标准与指南，这些标准严格按照美国《行政程序法》

制定，由商务部部长审签后发布，强制实施；同时授权 OMB 对安全政策、原则、标准、指南等的制定、执行情况进行监督。

（2）NIST 是法规授权的标准制定机构

NIST 隶属于商务部，从事物理、生物和工程方面的基础和应用研究，以及测量技术和测试方法的研究，提供标准、标准参考数据及有关特色服务，为美国标准化发展提供了重要的技术支撑。

在标准化方面，NIST 根据国会授权，通过跨机构标准政策委员会（ICSP）来管理政府标准化工作，负责制定事关国家重大利益的标准，协调联邦机构标准和私营产业部门标准的合格评定程序，代表政府参与协会标准化活动，在美国政府和民间标准化机构之间架起沟通的桥梁，发挥纽带和协调作用。

要指出的是，NIST 主导的标准化过程也是遵循开放的原则，充分接受行业的意见，形成技术水平较高的标准。由于 NIST 标准质量普遍较高，在商业市场上也得到了广泛使用。

3. 军方与国防部标准化体系

除了以上公开的标准化体系之外，在美国军方和国防部等国家安全相关部门也存在相对封闭的标准化体系。这些标准化流程不公开，标准化成果也是在有限范围内公开。这一体系输出的标准数量巨大，大概占到标准总数量的一半。

在 NTTAA 发布之后，美国军方包括国防部也开始采用市场化的标准，同时将其自有标准向社会公开。其中最著名的当属美国国家信息安全保障联盟的《信息技术安全性通用评估准则》。

三、美国标准化战略及其特点

1. 美国标准化战略

在欧洲标准化战略的压力下，ANSI 在 1998 年与 NIST 共同召开了美国标准化战略研讨会，作出了制定美国国家标准战略的决定，同时成立由政府、行业协会以及其他代表组成的领导小组。经过两年努力，ANSI 于 2000 年 8 月发布了《美国国家标准战略》（NNS），该战略的核心是：加强国际标准化活动，使国际标准反映美国技术；承担更多的ISO、IEC 秘书处工作，从而提高美国标准的影响力，增强其国际竞争力。战略的重点是：健康、安全、环保方面的标准化。2005 年，NNS 被修订为《美国标准战略》（USSS），USSS 进一步强化了标准化过程中公开、透明、自愿一致等基本原则，还添加了“技术援助”原则，向发展中国家提供制定和应用标准上的援助，从而达到美国技术和标准的对外输出，扩大在区域和国际上的影响力。此后，USSS 每 5 年进行一次修订和完善，以适应不断发展的国际市场环境。2010 年和 2015 年版本保持了 2005 年 USSS 的基本框架和主要内容，主要围绕新兴产业的特点和新兴标准化领域面临的挑战，对标准化战略的内容做了调整，包括智能制造、新能源、纳米技术、网络安全和服务业等。2015 年版本还明确了标准化教育的重要性，要求 ANSI、标准化组织、政府和行业致力于标准化教育，使公众了解标准的重要性。

2. 美国标准化战略的特点

美国标准化战略是通过政府、行业协会以及其他利益相关者共同协作制定的。但各方也意识到，没有简单的方式可以同时满足所有的需求。因此，美国标准战略包含一系列具有广泛适用性的战略举措，鼓励利益相关方自己制定相关措施，以应对不断涌现的新挑战、保持美国优势。美国国家标准战略的特点表现在：

① 通过多方共同参与的合作机制，加强政府发展和使用自愿一致性标准；

② 在制定自愿一致性标准时，继续关注环境、健康和安全问题；

③ 提高标准化体系对消费者观点和需求的响应能力；

④ 积极推动自愿一致性标准在世界范围内的推广和应用；

⑤ 鼓励政府采用自愿一致性标准作为支持市场监管的工具；

⑥ 防止标准及其应用成为美国产品进入国际市场的技术性贸易壁垒；

⑦ 持续改进流程和工具，推动制定有效和及时的自愿一致性标准；

⑧ 促进美国标准化体系内部的合作和协同；

⑨ 建立新的能显著增强现有标准教育的发展计划；

⑩ 为美国标准化体系提供维持稳定的资金支持；

⑪ 优先发展针对纳米技术、网络安全等新兴国家战略领域的标准。

四、美国标准化相关法律法规

1. 美国标准化法规概述

美国实行自愿标准制度，其标准化法规主要通过如下 3 个步骤实现：①1982 年，OMB 发布了《联邦政府参与制定和使用自愿一致性标准和合格评定活动通告 A-119》（OMB A-119）；②1996 年，颁布了

NTTAA；③1998 年，OMB 发布修订的 OMB A-119。NTTAA 和 OMB A-119要求，美国所有政府部门和机构在制定法规、采购和其他涉及标准的工作中必须采用现行自愿一致性标准，把标准作为执行政策目标和行动的工具，以提高立法和政策质量。此外，为配合 USSS 的推进，美国还出台了相关法案，为战略新兴产业标准制定和技术创新提供支持和保障。2011 年，美国总统奥巴马签署了《美国竞争再授权法案 2010》，加强了美国经济发展的基础，创造了新的就业机会，提高了美国的国际竞争力，并通过政府资金支持国家优先发展领域，即在未来 3 年内，向科学、技术、教育领域投资 450 亿美元。

2. 美国标准化法规的具体内容

NTTAA 规定美国所有政府部门和机构应使用民间标准化机构制定的自愿一致性标准，作为实现其政策目标和职责的工具，以标准为基础制定技术法规。要求全体联邦机构参与标准制定工作，当不（能）采用时，要专门报告。

OMB A-119 作为配套法规，旨在更加有效地落实 NTTAA 的有关要求，规范标准化政策和措施，包括：联邦机构标准使用的报告、授权 NIST 协调联邦机构的一致性评估、统一标准化术语、发布标准化政策指南等。OMB A-119 强调美国所有联邦机构在采购、制定法规和其他涉及标准的工作中必须采用自愿一致性标准，在涉及公共利益时，联邦机构必须参与标准化机构的标准制定，支持自愿标准的活动。

《美国竞争再授权法案 2010》确立了 NIST 战略协调机构的定位，并强调了战略新兴产业的重点领域的标准化需求。法案要求 NIST 与私营产业部门开展更加广泛深入的合作，在云计算、应急通信技术、绿色制造、高性能绿色环保建筑等重要领域开展标准制定活动，并通过技术创新项目帮助美国企业、高校和其他机构进行高风险、高回报的创新研究，从而解决国家面临的问题和挑战。作为配套的支撑措施，《美国竞争再授权法案 2010》明确规定，在未来 10 年内，政府给予 NIST 在科学和技术领域重要项目的预算增长一倍。这些规定与 USSS 中提出的重点发展领域相互呼应，为战略的实施提供政策保障。

针对以市场方式组织协会标准化合作可能带来垄断的风险，美国通过 3 部关联而延续的法律逐渐放松对企业间合作研发、合作生产、合作制定协调一致标准的垄断管制，即：1984 年的《全国合作研究法》，1993 年的《全国合作研究及生产法》以及 2004 年的《标准制定组织促进法》。这些法令指出，标准化必须在严格的《反垄断法》规制之下工作，其技术合作必须以促进竞争为前提；但同时，更为标准化活动设立了《反垄断法》豁免规则，对民间标准化活动起到了特别保护。美国司法部和联邦贸易委员会鼓励标准化组织向公众公开标准化工作的范围和日常活动，以换取在可能的反垄断诉讼中的司法保护（如在败诉情况下，只承担一倍而非三倍反垄断损害赔偿）。反垄断管制有效杜绝了企业通过标准化工作实施市场垄断的恶劣行为，同时也具体地保护了标准制定组织的权利，保障了自愿性标准化体系持续保持活力和竞争力。

在一些特殊的领域，美国政府通过立法方式明确由特定政府机构主持标准的制定，并确定所制定的标准作为支持法规实施的必要技术要求，通过法规得以强制实施。根据 FISMA 授权，NIST 为政府采购开发大量技术标准，内容涵盖计算机安全、通信安全和信息安全 3 个类别，其中计算机安全又包括了密码、安全标签、访问控制和风险分析 4 个部分，这些标准通过法规得以在政府采购中强制实施。

第三节　美国认证认可体系

一、美国认证认可制度

1. 认证制度

美国的市场经济发达，其认证管理体系呈现动态、多层次、松散化和市场推动的特征。私营机构、协会、学会等自愿性产品认证被市场广泛接受，表现出“准强制”的特点，形成以民间认证为基础，政府协调和认可的质量认证格局。

（1）政府认证

通常美国各州政府有很大的行政独立性，只有在涉及公共安全与医疗健康的产品认证时，为避免州一级政府的重复检测，政府通常采用集权式的管理和执法模式，对供销售的产品的质量状况进行统一的认证。政府的产品质量认证包括：FDA 的医药、生物及其他产品的认证；消费品安全委员会对消费产品使用安全性标准的制定和认证；联邦航空管理局的飞机及其航空产品的适航认证；矿山安全与健康管理局（MSHA）的矿山劳动安全和电工设备的认证；美国能源部和美国环境保护局针对节能产品推行的“能源之星”（Energy Star）认证；美国农业部国家有机产品办公室对食用肉类、家禽产品的强制性检验；国防部（DOD）对武器采办的设备、材料、元器件的测试认证等。为此，美国政府在全国范围内设置了检测办事机构和认可实验室并实行垂直领导。此外，美国各州政府也有对不同产品和服务的认证。州可以在政府的授权委托下进行产品的检验和测试；考虑到健康与安全的因素，州可以按照自己批准的法规开展产品认证；州可以认证对经济起重要影响的产品；州可以建立自己的标准，授权地方政府实施强制执行（检验和测试等）权；州还可以通过发放许可证管理，控制医疗、保险等行业的服务质量。

（2）第三方认证

美国的第三方合格评定机构很发达，其主要任务是为国内外供应商、制造商开展产品检测、认证。由独立的实验室和检测机构经过测试后，提供有关产品是否符合标准的正式评定结果。比较典型和著名的一个第三方认证是美国保险商实验室（UL）的安全评定体系，美国一些大的零售连锁店基本上不销售未取得 UL 安全认证的电器。

2. 认可制度

美国的认可活动大体可分为 3 类：对标准制定组织的认可、对认证机构的认可和对实验室的认可。

美国国家标准由 ANSI 批准，由其认可的标准制定组织（SDOs）承担标准的具体制修订工作，标准制定组织获得认可是其标准被批准为美国国家标准的先决条件。此外，ANSI 还与美国认证机构认可委员会（RAB）联手开展了称之为“美国国家质量体系认证机构认可”的活动，在全美范围内开展认证机构的认可工作。其中，RAB 负责统管活动的具体实施，而 ANSI 负责与活动有关的主要工作程序的协调。由于 ANSI 是美国在 ISO 的代表机构，并按照 ISO 合格评定委员会的有关准则和标准对认证机构进行认可，大大增强了认可结果的可信度。关于实验室认可，NIST 的国家自愿性实验室认可体系（NVLAP）和美国实验室认可协会（A2LA）是两个最大的联邦实验室认可体系，另外还有联邦、州和地方政府以及私人机构的许多实验室认可体系。

二、美国认证认可的机构和实体

NIST 和 ANSI 是美国 NQI 领域最重要的科研、技术服务和组织协调机构，在对标准制定组织、实验室等的认可中，扮演着十分重要的角色。

1. 对标准制定组织的认可

ANSI 是对美国的标准制定组织进行认可的机构。ExSC 和标准审查委员会（BSR）是 ANSI 认可标准制定组织、批准美国国家标准过程中两个最为关键的部门。ExSC 负责制定、维护与美国国家标准相关的规范与程序，BSR 依据“ANSI 基本要求：美国国家标准的正当程序要求”，对美国国家标准进行批准或废止。

在对标准制定组织的认可过程中，ANSI 重视对标准制定程序的管理和认可，要求标准制定程序达到协商一致的基本要求，而标准所涉及的技术水平则交由市场决定。美国标准化体系是以企业协会为主体，以产业界自律、自治为特征，以自愿加入、自由竞争为运作形式，政府一般不干预技术标准的制定，也不强制技术标准的执行。ANSI 通过严格的程序认可标准制定组织并批准标准，将部分社会组织标准批准为美国国家标准。

2. 对认证机构的认可

1989 年，借鉴英国和荷兰对认证体系监管的成功经验，美国质量协会（ASQ）的前身——美国质量控制协会（ASQC）成立了RAB，从事对第三方认证机构、审核员注册和审核员培训课程的认可工作。RAB不以营利为目的，日常开支靠其业务收入维持。1991年，ANSI和RAB联手开展了称之为“美国国家质量体系认证机构认可”的活动，通过该活动对质量管理体系的认证机构进行认可管理。2005年，为了满足ISO/IEC 17011认证与认可分离的要求，ANSI和ASQ成立了美国国家认可委员会（ANAB）以取代ANSI和RAB，负责美国质量管理体系注册机构的认可，同时将审核员培训、评审及注册工作分离出来，交由美澳联合人员培训和注册机构——美澳联合认证国际公司负责。

3. 对实验室的认可

美国实验室认可方案的执行方法与大多数国家不同。其他国家大多把这些权力赋予权威的公众组织或政府参与的机构来执行。美国的实验室认可体系则是由各级政府和民间机构运作的。NIST的NVLAP和A2LA是最大的两个实验室认可体系。

NVLAP成立于1976年，是美国官方根据《美国法典》，授权由NIST管理、负责测试与校准实验室认可工作的国家实验室认可机构。它依据ISO/IEC 17025标准对任何有资格的实验室进行认可，使其所从事的测试与NIST的计量学研究成果相衔接。NVLAP适用于官方和私营的检测实验室和校准实验室，包括：商用实验室，工厂内部实验室，大学实验室以及联邦、州、地方政府实验室。NVLAP对实验室的认可，由颁发的两个证书来证明：一是认可证书；二是认可范围说明书。

A2LA是美国有代表性、有影响力的从事实验室认可的私营机构。它致力于对水平测试、实验室校准、检测机构、测试提供者的熟练程度以及参考标准物质生产商的正式认可。A2LA 的能力已被美国国内和国际机构所承认，经其认可的实验室在其他国家也被承认。A2LA 协助实验室保持其能力，协助行业以承诺自我保证的形式避免政府管制，帮助政府机构执行法规。

4. 政府主导的认证机构

美国政府的质量认证包括联邦政府认证和地方政府认证两大类。联邦政府认证是为了保护公众的健康、安全，从而制定统一的质量、安全和性能指标，并进行强制性检查、颁发有关标志或合格证书的制度。联邦政府的主要认证机构包括 NIST、FDA、美国联邦通信委员会（FCC）、国防电子供应中心（DESC）等。地方政府认证主要是适应各州实际，接受政府有关部门的授权或委托对某些产品进行认证检查的活动，由各级政府制定标准并组织实施认证检查。

5. 民间第三方认证机构

美国的民间认证体系包括由独立的检验或测试组织开展的认证，如 UL 认证、美国电子测试实验室（ETL）认证；行业协会或技术团体开展的认证，如美国石油学会（API）认证、美国机械工程师协会（ASME）认证；贸易团体开展的认证，如家用电器厂商协会（AHAM）认证；由与工业管理有关的政府会员组成的组织开展的认证，如国际管理及机械会员协会（IAPMO）认证；以及其他组织开展的认证，如 A2LA 认证和国家电子检验学会（NETA）认证等。

三、美国认证认可的数量及水平

美国市场经济发达，其认证认可市场化程度也很高，呈现出“准强制”的特点。仅通过准国家性质 ANSI 和第三方 UL 认证，来反映美国的认证认可水平。

1. ANSI 的认证认可

截至 2020 年，经 ANSI 认可的美国标准制定组织超过 240 家，制定的美国国家标准超过 12000 项。此外，基于 ANSI 作为 ISO 和 IEC 等国际组织直接参与者的有利地位，经 ANSI 认可的美国标准制定组织制定的标准，同时也容易被批准为 ISO 或 IEC 的国际标准。可见，ANSI 不仅在国内协调和指导着美国的国家标准化发展，也通过其在国际组织中的优势地位，助力美国标准在全世界发挥作用，进而保障美国国家利益。

2. UL 的认证服务

1894 年，UL 建于芝加哥，不以营利为目的，旨在从事公共安全检验和在安全标准的基础上经营安全证明业务，其目的是保障市场商品安全，使消费者的人身健康和财产安全得到保证。UL 是安全检验和鉴定方面最有声誉的民间机构，是美国最权威的安全检验机构。

截至 2019 年，UL 已经起草了超过 1600 项标准，这些基于科学的 UL 标准拥有极高的公信力，90% 以上成了美国的国家标准。有一些标准更是被 IEC 采纳，成为全世界通行标准。凭借 UL 标识的认可度及其与美国检测系统的历史渊源，可以帮助用户更顺利地进入美国甚至全球市场。

第四节　美国国家质量基础设施建设的经验与启示

一、美国计量体系的经验启示

1. 美国以标准形式推动计量管理

美国对重点监督的商业零售领域的计量器具实行强制管理，对工业计量器具实施企业自行管理，政府计量行政部门鼓励企业加入相关行业协会，或者提供技术咨询和帮助。一旦出现问题，企业承担主体责任。由于市场竞争及消费者或用户的选择，迫使企业主动联系计量权威机构进行送检、比对、咨询、溯源，并通过实验室认可、授权，以提高计量管理水平和市场上的竞争能力。由于消费者或用户对自身权益的关切程度肯定高于政府行政部门，因此美国的计量管理模式比由计量行政部门对企业进行监督检查的模式更加科学。

2. 强化计量、标准和共性技术科研与服务

美国政府非常重视 NIST 等科研机构建设，由商务部直接管理，并接受政府的业绩评估和效率评估。NIST 经费主要来自政府，同时又承担着政府的固定职责和任务，保证了政府战略意图的开展。NIST 在计量、标准领域和共性技术研发领域的绝对权威，便于有效地推进产业共性技术研发力量的有效整合与服务开展。

3. 计量、标准与技术研发有机结合，促进新科技产业发展

NIST 在保留原有计量和标准服务的基础上，增加了从事共性技术研发和促进科技成果产业化等功能，实现了计量、标准与技术研发的有机结合，起到了相互促进、相互推动的作用。计量和标准服务能够使 NIST 更加了解技术市场的需求，使研发更有针对性；NIST 在计量与标准上的权威性和综合性，也有利于相关技术迅速在市场上实现产业化。

4. 以中小企业为资助和服务对象，激发了产业界的创新活力

NIST 的技术创新计划（TIP）和制造业拓展伙伴计划都明确把资助和服务对象定位在中小企业，在很大程度上弥补了其研发资金匮乏、技术竞争力较弱的不足和缺陷。这样，不仅刺激了中小企业的技术创新活动，同时也给大企业造成压力，起到了一举两得的效果，激活了整个产业的研究开发与技术创新的动力。

5. 重视与大学的联合创新，维系了持久创新活力

NIST 研究方向越来越聚焦于存在大量共性技术难题，而且是国家急需发展的领域。为此，NIST 逐步把眼光投向拥有强大人才和技术优势的大学和专门研发机构，其合作规模和层次不断扩大和提高。TIP 计划也一改美国先进技术计划（ATP）不直接让大学或研发机构牵头的规定，有意识地借助大学的力量开展项目研究。从近年资助情况来看，大学牵头项目的份额正在不断扩大。这实际也反映了共性关键技术研发的一个世界性的发展趋势，即官、产、学、研的渗透和结合。

二、美国标准化体系的经验启示

实践中，看似放任的自愿标准化体制，在发育健全、行业自律性很强的美国，是非常有效的机制，很好地支撑了美国经济社会的发展。综合来看，以下经验值得我们进一步学习和借鉴。

1. 加快培育发展团体标准，增加市场主导制定的标准供给

美国大部分标准制定组织均为非营利性社会团体组织，依据公开、平衡、透明、一致和法定程序制定自愿一致性标准，通常能以足够快的速度制定出反映市场需求的标准。从美国的经验可以看出，发展团体标准能够充分释放市场主体标准化活力，优化标准供给结构，提高产品和服务竞争力。然而，我国的团体标准发展历史较短，标准化能力较弱，还存在发展不平衡、不充分的问题。为此，应重点围绕新技术、新产业、新业态和新模式，加快培育发展团体标准，建立以需求为导向的团体标准制定模式。

2. 加强战略引领，尽快出台国家层面的标准化战略

1998 年，ANSI 与 NIST 共同召开了美国标准化战略研讨会，作出了制定美国国家标准战略的决定，并于 2000 年发布了首版 NNS。2005 年，NNS 被修订为 USSS；此后，USSS 每 5 年进行一次修订和完善，以适应不断发展的国际市场环境。2020 年版本的 USSS 指出，随着技术和创新的发展，全球对优势资源的争夺日益激烈，制定国际公认标准的动力比以往任何时候都大。为此，2020 年版本的 USSS 从国际、国内两方面提出了战略愿景并部署了 12 项战略措施。反观我国，长期以来缺少系

统、全面的标准化战略部署，因而尽快出台能够统领全国标准化工作的战略规划，是一项重要和紧迫的任务。

3. 推进标准与科研有机结合，以科技创新提升标准水平

NIST 鼓励科研人员积极参与有关标准的制定活动，同时把参与制定和采用自愿性标准作为转让 NIST 研究成果的主要手段；NIST 把参与事关国家重大利益的标准化活动中遇到的技术难点和协调中的潜在矛盾，列入 NIST 优先研究项目中。由此建立了标准制定和科研工作的有序循环和良性互动机制，既为 NIST 研究成果的转化、推广应用开辟了最佳出路，也为 NIST 选择重大研究项目提供了来源。上述经验启示我国，要加强关键技术领域标准研究，探索建立科技项目与标准化工作联动机制，以科技创新提升标准水平。

4. 扩大标准化领域的对外开放，提升我国产业的国际影响力

尽管近年来，随着中美两国在经贸、科技等领域摩擦和博弈的加剧，美国标准化工作的对外开放出现了一定程度的倒退，但整体而言美国的标准化是一种开放的模式。一方面，美国标准化领域的团体组织，如 IEEE、ASME、UL 等吸纳了全世界的专家和企业参与其标准化工作，制定的标准具有很高的水平和国际影响力；另一方面，美国通过多种手段宣讲美国的标准、技术和规范的价值，使更多的国家认可、采用美国标准，推动了美国标准的广泛采用，从而为美国的产品打入国际市场开辟了一条新的路径。我国可以借鉴美国的经验，提升标准化对外开放水平。一方面，深化标准化交流合作，支持企业、社会团体、科研机构等积极参与各类国际性专业标准组织，探索建立以我国为主的国际性专业标准；另一方面，统筹推进标准化与科技、产业、金融对外交流合作，促进政策、规则、标准联通。

三、美国认证认可的经验启示

1. 采用形式多样的认证方式，提升认证效率

美国的质量认证和注册体系分为政府与民间两大类，以民间为主。政府的质量认证和注册属于政府监管的手段之一，一般以法律的形式强制执行，重点针对产品或服务的质量对社会有重要影响的领域，以保护国家和公众利益。民间的质量认证活动主要是为平衡多方利益、提升企业的竞争能力等服务，在市场竞争中发展成熟，一般由行业协会、独立的测试和检验机构、非营利性组织等民间组织实施，属于自愿性范畴。形式多样的认证方式，适应了美国自由经济的发展模式，提升了认证效率。

2. 构建统一规范的认证制度，确保认证质量

为了加强对形式多样、比较分散的质量管理体系认证的管理，美国建立了较为统一规范的认证认可制度，由 NIST 负责协调政府和民间的合格评定活动，由 ANSI 协调和管理美国自愿性标准的制定，在国际标准组织中代表美国利益，并对多种产品认证提供认可服务。

3. 建立协调互认的认证认可制度，提升认证效用

NIST 通过建立并实施国家自愿合格评定评估体系（NVCASE），取得外国政府对美国质量管理体系认证的承认。NIST 的 NVLAP 已与澳大利亚国家测试机构协会（NATA）、新西兰的测试实验室注册委员会（TELARC）、加拿大标准委员会（SCC）之间分别签署了双边协议。根据这些协议，其中一方认可实验室所得数据，在其他方应予认可。

第三章

CHAPTER 3

德国国家质量基础设施建设的经验

第一节　德国计量体系

“德国制造”是德国的金字招牌，在国内生产总值（GDP）中占比高达22%，“德国制造”增加值在全球也占到近10%，与日本不相上下，排在中国、美国之后。从贸易规模来看，2019年，德国的外贸总额占其GDP的比例已经上升至71%，远高于发达国家的平均水平。“德国制造”在全球的畅通并不只是质量和工匠精神的体现，它依靠的是一套成熟的NQI。因此，建立和维护现代化的NQI是德国经济和技术政策的核心任务。

一、德国法制计量体系

德国是一个联邦制国家，由联邦政府外加16个州构成。在德国的法制计量体系中，联邦政府及各州职责分明。联邦各州的任务是仪器检定，联邦政府则负责法制计量中量值的统一。欧盟成立后，为了实现欧盟内部的量值统一，开始实施欧洲计量器具指令（MID）。《计量和检定法》于2013年发布，该法令同时也将作为MID的补充和更新内容。

在欧洲，法制计量体系的规章制度具有完整的层次结构，见图 3-1。欧洲议会和理事会负责颁布欧盟指令，例如潜在爆炸环境用的设备及保护系统指令（ATEX）、压力设备指令（PED）以及 MID 等，成员国有义务在国家立法时落实该指令。德国在欧盟指令的指导下进行国家立法，建立国内的法制计量体系。该体系包含：在仪器投放市场之前进行型式评价（型式认证或首检），随后在仪器应用期进行有效的市场监管，在检定有效期截止之前进行再检定，完成整个法定计量工作。

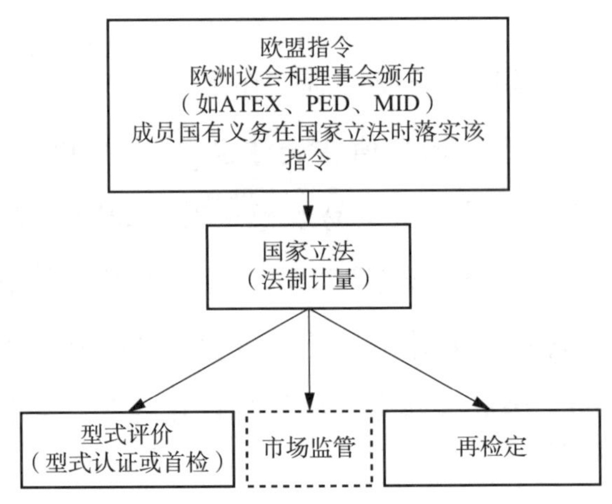

图 3-1　欧洲法制计量体系的层次结构

德国法制计量体系中的基本章程包括单位法、检定法、检定条例、MID、ATEX、电磁环境兼容性法案（EMC）和几条关于政府行为和收费的法案。

检定法的内容主要适用于公共事业中使用的仪表，该法案的目的在于保护消费者的同时维护公平贸易，保证医疗保障、环境保护等测量结果的准确性，并提高官方测量的可信度，使其更具有权威性。检定法规定了检定义务，意味着公共事业仪表必须接受检定；规定了允许颁布与检定相关的条例。检定由联邦州政府负责，是 PTB 的义务，同时检定法中列出了具体的收费条例、信息发布的义务和违反规章的处罚条例。

除了上述法律法规外，还有相对较低阶的规定，如 PTB 要求、PTB 测试说明和 PTB 技术说明等。PTB 要求是为了确保测量结果保持一致，例如电气接口和软件方面应符合 PTB 的要求；PTB 测试说明是确保在所有联邦州实施的检定具有一致性；PTB 技术说明有具体的应用规程，例如气体涡轮流量计的安装等。

随着科学技术的发展，德国的检定法中增加了一些新的规定以适应不断变化的需求。新的规定允许除了 PTB 外的被授权机构（第三方机构）对国家管制的计量器具进行合格评估；明确了对被授权机构的管理条例（对其能力、独立性、信息义务等进行官方的认证）；规定了仪器用户新的职责（如正确使用仪器、维护仪器和信息义务）；新的规定中还包括技术问题的处理（如软件下载和通过取样测试延长仪表检定有效期等条例）。

（一）欧盟指令

2004 年 4 月 30 日，欧盟颁布了 MID，并于 2006 年 10 月 30 日起强制实施。MID 给出了针对所有计量器具的基本要求和合格评估程序，并且针对其中的 10 类特殊范畴的仪器给出了特殊要求，包括：水表、燃气表、容积换算设备、有功电能表、热量表、计价器、废气分析仪、自动衡器等，涵盖了在欧盟市场上销售的 95%的计量器具。需特别指出的是，MID 仅是对初次投放市场的 10 类计量器具进行规定，若超出 MID 规定的范围，须由欧盟各成员国自行规定。通过 MID 的有效发布实施，逐步消除欧盟市场内部各国间的贸易壁垒，形成欧盟计量器具市场的规范统一。

另外，根据MID的规定，任何机构在满足公正性、独立性、可靠性、专业性等特定要求后，均有可能成为被指定的计量检定机构。欧盟各成员国被指定的计量检定机构统一先由各国政府确定，然后再由欧盟委员会公告发布。一般被MID指定的计量检定机构类型划分为3类，见表3-1。

表3-1 MID指定的计量检定机构类型

类型	说明
型式评价机构	对指定的计量器具型式进行检查和评价的机构
质量体系认证机构	被指定为对生产10类计量器具产品的企业进行质量体系认证的机构。企业通过认证后，可自行对产品进行检验，打上欧洲统一（CE）认证标志，投放市场
产品检验机构	对未建立质量管理体系的企业，可将生产的计量器具产品交于政府指定的产品检验机构进行检验，检验合格后，打上CE认证标志，投放市场

（二）德国计量相关法律

1.《计量和检定法》，俗称《计量法》（Mess EG）

德国《计量和检定法》最近一次修订于2015年1月，目的是与MID和国际计量发展保持一致（包括非自动衡器和自动衡器在内）。《计量和检定法》的出台不仅是为了适应当时新的计量器具的管理需要，还是为了智能化和软件的发展需要而加以制定和规范。

2.《能源经济法》（En WG）

欧盟能源市场是一个市场化程度比较高的市场，在能源市场中能源的贸易结算和监督管理均离不开计量器具。因此，早在1998年，德国就出台了《能源经济法》，该法在德国能源法体系中占有举足轻重的地位。该法于1935年首次制定，期间历经数次修订。2011年，德国对《能源经济法》再次修订后，对智能电网和能源自由交易市场增加了新的规定，并明确了对新式计量系统功能和安装的要求。

3. 其他相关法律

德国法制计量体系中的基本章程包括单位法、检定法、检定条例，以及关于政府行为和收费的法案等。

二、德国计量机构

（一）政府层面

德国计量行政部门分为最高国家管理机构、各州管理机构。

1. 最高国家管理机构

PTB成立于1887年，隶属于联邦经济与能源部（BMWi），是行政管理和技术合一的计量机构，即PTB既是从事计量和测试的科研机构，又是履行政府行政管理职能的机构。其主要职责是建立统一的德国国家计量基准，确保国内基准与国际和欧盟的规定要求相对接，也正因如此，德国政府明确规定PTB不得参与任何与计量校准有关的市场化竞争，只能对其认可的校准机构——德国认可委员会（DAkkS）的最高计量标准开展校准服务，以及对各州计量局的计量标准进行校准。PTB总部设在不伦瑞克，在柏林设有分院，内设有力学与声学处、电学处、化学物理与防爆处、光学处、精密工程处、电离辐射处、热工与同步辐射处、医学物理与计量信息技术处、法律与国际计量处、科学技术横向任务处（Q 部门）、行政事务处（Z 部门）。PTB 下设量子力学实验研究所、物理计量基础研究所、功能性纳米系统计量研究所、PTB“超低磁场计量”核心实验室等 4 个研究机构。

（1）PTB 的历史沿革

1887 年：基于沃纳·冯·西门子和赫尔曼·冯·亥姆霍兹的思想，并在他们的共同倡议下，柏林物理技术研究所（PTR）成立，亥姆霍兹被任命为 PTR 的第一任主席。

1898 年：第一个法定事务。维护电气单元，测试用于测量电量的仪器。

1950 年：在不伦瑞克建立了物理技术联合会。

1953 年：将柏林的夏洛滕堡和 PTR 合并为“柏林学院”，成为 PTB。

1977 年：国家和企业建立了德国校准服务认可机构（DKD），用于由国家认证的标准和测量仪器校准，该校准由 PTB 领导。

1990 年：承担了德意志民主共和国“标准化、计量与商品测试办公室”计量部门的某些任务。

2002 年：由联邦经济部任命的专家委员会对 PTB 进行评估。

2008 年：PTB 被科学理事会评估为优秀。

2012 年：PTB 在 2012 年 3 月回顾了 125 年成功的故事，在不伦瑞克市政中心举行了国际研讨会和节日庆典。

（2）PTB 的组织结构

PTB 由设在不伦瑞克的主席委员会领导，该委员会由主席、副主席和董事会组成。董事会由来自科学、经济和政治领域的代表组成，为 PTB 提供咨询。PTB 由以下 11 个部门组成：

① 力学与声学处（位于不伦瑞克），下设：固体力学、气体流量、

液体流量、声学和动力学等科室。

② 电学处（位于不伦瑞克），下设：电能计量技术、量子电子学、半导体物理与磁性、量子电子计量学等科室。

③ 化学物理与防爆处（位于不伦瑞克），下设：化学计量学、气体分析与热力学、能源技术中的防爆、传感器技术与仪器中的防爆、防爆基础等科室。

④ 光学处（位于不伦瑞克），下设：光度学、应用辐射测量学、成像和波动光学、量子光学等科室。

⑤ 精密工程处（位于不伦瑞克），下设：表面计量学、空间纳米计量及坐标计量学、材料测量干涉量度学、科学仪器等科室。

⑥ 电离辐射处（位于不伦瑞克），下设：放射治疗和诊断放射学、剂量学、辐射防护剂量学、离子和中子辐射、剂量学基础、操作辐射防护等科室。

⑦ 热工与同步辐射处（位于柏林的夏洛滕堡），下设：辐射测量与同步辐射、低温物理和光谱学、探测器辐射测量和辐射测温等科室。

⑧ 医学物理与计量信息技术处（位于柏林的夏洛滕堡），下设：医学计量、生物信号、生物医学光学、数学建模与数据分析、计量信息技术等部门。

⑨ 法律与国际计量处（位于不伦瑞克），下设：工业计量、法定计量与合格评定、国际合作等部门。

⑩ 科学技术横向任务处（Q 部门）（位于不伦瑞克），下设：安保人员组、学术图书馆、翻译事务所、技术基础设施组、信息技术组等部门。

⑪ 行政事务处（Z 部门）（位于不伦瑞克），下设：预算与采购、人事、法务、组织和控制、柏林管理局、内部服务、培训、商务应用等部门。

(3) PTB 的任务

任何科学实验、工业过程、商品贸易都离不开量化。如今，测量技术和计量学的前提是获得精确且可靠的测量结果。这不只需要一次测量，而是需要连续性地测量，且与“计量客户”不断提高的精度要求同步。因此，PTB 等国家计量机构（NMIs）的任务是为了确保计量基础设施的持续运行，从而保证计量基础设施的可靠与改进，既满足科学和高技术产业对计量的最高要求，又满足日常生活对法治计量的一般需求。

① 行业合作伙伴。在《单位和时间法》中，PTB 承担了单位的实现和传播工作。物理单位的实现意味着制定、运行、操作和维护所涉及单位的国家标准（或该单位整体规模的国家标准）。传播这些单位意味着将最高精度与现实世界联系起来，例如具有多种计量要求的工业领域，这些都是通过校准来实现的。因此，PTB 的任务（位于计量层级的顶端）被限制在必须满足最高精度要求的校准。在这里，PTB 遵循辅助性原则：如果外部校准实验室可以满足测量任务的要求，PTB 将会优先考虑。因此，来自高科技分支机构的工业企业要与 PTB 联系，以提出特殊的校准要求；获得认证的校准实验室必须定期提交自己的校准参考标准，根据质量管理体系相关规范的要求，获得对国家标准的可追溯性。

② 保护人类与环境。在德国，PTB 为环境监测和保护人民群众的健康提供计量依据，例如：设立和提供大气放射性物质微量监测站、排气表型式评价和化学分析、声学和超声测量标准、物理安全技术和防爆技术。

③ 全球范围的计量规范化。在科学技术的世界里，物质是根据劳动分工来生产、量化和评价的，测量结果就是这样一种语言。因此，一个全球统一的计量系统是必不可少的，尤其是在全球化的时代。在

实际应用中，只有通过具体的合作建立信任并保证测量结果透明，才能实现全球统一。PTB 与 NMIs 合作开展了大量的联合研究和开发项目，并在国际范围内坚持参与计量机构的构建。

④ 促进发展中国家发展。PTB 在许多发展中国家和新兴工业化国家积极开展活动，并推动在德国发展合作范围内建立优质基础设施的项目。在 20 世纪 60 年代，技术转让和建立计量合作伙伴组织仍具发展前景。目前，双方的合作主要是根据市场需求，建立和发展伙伴国家所有相关的优质基础设施机构并维持它们之间的互联互通，以及跟踪用户对质量基础设施服务的使用。PTB 为合作伙伴政府和各部门提供咨询，促进高质量基础设施的机构建设，并支持中小企业发展。这项工作在世界范围内受到高度赞赏，PTB 作为很多国际技术组织的正式成员，也代表许多合作伙伴国家的利益。

2. 各州管理机构

在德国由各州政府设立州计量局，再按行政区域划分设立市检定局。其中州计量局以管理为主，负责检定机构或检验机构的授权和授权后的监督；市检定局以检定为主，只检定为保证贸易公平、环境保护、安全领域并列入欧盟指令的 10 种计量器具或德国政府规定的计量器具，而不对企业内部使用的计量器具开展检定或校准。

（二）企业层面

德国在计量授权站的建设与管理等方面经验丰富。德国于 100 多年前开始计量授权，授权项目主要集中于水表、电能表、燃气表和热量表。德国大部分授权站设在计量器具生产企业内部，允许企业采用计量产品出厂检定代替使用前的首次检定，从而使计量器具在出厂前完成首次检定，这样既方便用户，又节约政府资源。生产企业可向当地州计量局申请计量授权，受理后由州计量局和 PTB 组成联合专家组对企业进行考核，要求企业最高标准器具需要溯源至 PTB，部分标准器具可溯源至州计量局，后续监管由州计量局负责。州计量局采取不定期监督检查的方式，每年到授权站突击检查一次。检查内容包括：授权站是否满足管理要求；当日和前一周检定的计量器具的检定质量等。

（三）计量检定与校准权责划分

1. 政府行为或授权——检定

德国检定的计量器具共有 23 类，除水表、电能表、燃气表和热量表可由企业计量授权站自行进行检定、由州计量部门进行监督管理外，其他计量器具均由政府计量部门进行检定。

2. 市场化行为——校准

德国检定由政府计量部门来实施，而校准属于市场化行为，一般由社会上的各类技术机构进行，而这些校准机构的认可由 DAkkS 负责。

三、德国计量工作和研究计划

为了满足当前和未来在最高计量水平上处理复杂任务的科学和技术要求，PTB 不断地进行研究和开发。PTB 通常与经济协会、大学、研究机构，尤其是在欧洲的计量机构合作。这项有针对性的研发工作，促进了新计量服务的发展。PTB 还通过知识和技术转让为德国工业的创新提供支撑。

德国计量的工作与研究领域主要有：计量基础研究和国家标准的改进；通过法制计量保证公平交易和支持校准机构；通过技术合作清除技术性贸易壁垒，代表德国参与国际上计量、测量的协调；与工业界的合作，开展成千上万的计量校准。在计量基础研究方面，重点之一是国际单位制的实现。目前正致力于改进旧有的“人造”国际单位制，研究新的“量子”国际单位。例如，研发在原子基础上再定义“千克”的方法；开发面向未来的“光学钟”。通过量传溯源、认证认可、技术转让等服务，通过参与研究涉及人身健康、生产安全、能源和环境等重大领域中对计量的需求来服务社会。

四、德国计量工作研究和开发资金

2015—2017 年，PTB 研发财务数据见表 3-2。可以看出 PTB 的总经费一直保持快速增长态势，其中用于研发的费用占比始终保持在 73%及以上。

表 3-2　2015—2017 年 PTB 研发财务数据

项目	2015 年	2016 年	2017 年
总经费（包括第三方经费）/万欧元	199700	206800	212400
研发费用占比/%	75%	73%	73%
第三方经费/万欧元	3370	3580	3580
技术合作/万欧元	1420	1640	1610
研发人员数量/人	8002	7980	7919

第二节　德国标准化体系

一、德国标准化战略

为应对经济全球化和欧洲一体化带来的机遇与挑战，德国标准化学会（DIN）于2005年制定并发布了首部《德国标准化战略》，并于2010年对战略进行了调整和更新。这两版标准化战略对德国的标准化进行了定位，并对德国标准化未来的发展方向进行了阐述。之后的数年里，全球竞争日益激烈，德国依然能保持世界领先工业大国的地位，这与标准化战略的有效制定和实施关系密切。为了使标准化战略适应不断变化的国内外环境和需求，DIN于2016年3月开始了新版标准化战略的研制工作。经过与利益相关方的多次磋商与修改，DIN于2016年11月3日发布了新版《德国标准化战略》，该战略文件赋予国家标准化战略新的目标和实施要点。

《德国标准化战略》由两大部分构成，第一部分是战略简介；第二部分具体阐述了战略目标。与前两版国家标准化战略相比，该战略文件提出了新的6个战略目标，并针对每项战略目标提出了对应的实施要点或构想，共有31项，具体见表3-3。

表 3-3　《德国标准化战略》目标及实施要点

战略目标	实施要点或构想
1. 标准化促进国际和欧洲贸易发展	1.1 认可并增强与 ISO、IEC 的国际关联性。 1.2 增强欧洲内部市场的一体化和运行。 1.3 确保标准化项目的市场相关性。 1.4 DIN 与电子和信息技术委员会（DKE）得到决策者、企业和社会的认可
2. 标准化成为放松管制的一种工具	2.1 标准化成为放松管制和促进公共采购的手段。 2.2 使"新立法框架"涵盖更广泛的领域。 2.3 标准制定者和决策者开展互信合作。 2.4 标准化工作兼顾公众利益
3. 德国走在全球标准化工作的最前沿	3.1 DIN 和 DKE 提供全球领先的标准化平台。 3.2 DIN 和 DKE 成为标准化领域数字变革的催化剂
4. 企业和社会成为标准化的驱动力量	4.1 企业成为标准化的关键支柱，并具有很强的能力和持续参与标准化工作的意愿。 4.2 绝大部分的标准化议题由企业提出。 4.3 标准化考虑社会总体需求。 4.4 标准化为社会创造附加值。 4.5 标准化促进可持续发展。 4.6 DIN 和 DKE 与技术协会紧密合作。 4.7 DIN 和 DKE 与各类论坛和联盟合作
5. 企业将标准化作为一种重要的战略工具	5.1 产业界认识到标准化对企业的益处。 5.2 企业管理层采用标准化作为战略工具。 5.3 标准化工具极具吸引力。 5.4 标准具有实用性并考虑用户需求。 5.5 中小企业专家针对性地参与标准化。 5.6 鼓励企业在国内外业务中采用标准化
6. 公众高度认可标准化	6.1 标准代表安全与质量。 6.2 标准化工作流程高效。 6.3 公众参与标准化。 6.4 DIN 和 DKE 保持公开、透明，鼓励利益相关方参与。 6.5 确保标准化工作流程的公开和质量。 6.6 在职业培训和学术教育中越来越关注标准化。 6.7 持续讨论标准化在各领域中的作用。 6.8 宣传标准化对经济、公众利益的贡献

《德国标准化战略》是一个动态文件，由标准化利益相关方实施和

持续修订。DIN 主席委员会将代表德国标准化全体利益相关方，至少每3年对战略的实施情况进行审查，并决定是否有必要进一步制定战略目标。《德国标准化战略》始终遵循动态开放的原则，根据经济社会发展、技术创新及国家战略的实际需求而制定和调整。

1. 2005 年德国标准化战略

为保持德国技术和经济的领先地位，迎接经济全球化和欧洲统一市场带来的挑战。2003 年起，DIN 牵头组织开展了面向未来、面向社会各界的德国标准化战略目标研究，并于 2005 年 1 月正式对外发布。此次发布的《德国标准化战略》包括 5 项目标和 23 项相应措施。具体来说，5 项目标是：以标准化确保德国工业领先国家的地位；以标准化作为支撑经济和社会取得成功的战略工具；以标准化成为政府放松管制的手段；以标准化及标准机构促进技术融合；为标准机构提供有效程序和工具。

2. 标准创新计划（INS）

德国经济技术部于 2006 年开始实施 INS，其目的是为德国标准化建立一个创新机制，并使标准化研究过程成为持续、综合的过程，从而确保德国在高新技术领域的国际领先地位，增加德国的全球竞争力。

INS 采用德尔菲法，利用网络调查问卷，确定了德国未来标准化研究的重点领域，并根据调查结果，在光学技术、能源利用、医药与健康、纳米技术、产品技术、安全、服务、材料技术、微系统技术、信息与通信技术和航空技术等方面进行了深入研究。

3. 《德国工业 4.0 战略计划实施建议》

2013 年 4 月，德国在汉诺威工业博览会上正式推出《德国工业 4.0

战略计划实施建议》（以下简称《工业4.0》）。德国各界认为，德国已经分别完成了源于机械化、电力和信息技术的应用这三次重要的工业革命，正在向以智能化为主要特征的第四次工业革命迈进。《工业4.0》旨在支持德国工业领域新一代革命性技术的研发与创新，确保德国强有力的国际竞争地位。在德国政府推出了《工业4.0》这一国家战略后，2013年DIN便发布了《工业4.0标准化路线图》，并成立了“工业4.0标准化理事会”，以期通过主导标准化进程引领《工业4.0》的发展，并引导《工业4.0》从德国走向世界。《工业4.0》认为，实现目标的核心和关键是建立一个人、机器、资源互联互通的网络化社会，物联网、互联网、服务化的智能连接必然要求一个系统框架，在这个框架内，各种终端设备、应用软件，它们之间的数据信息交换、识别、处理、维护等必须基于一套标准化的体系。因此，在《工业4.0标准化路线图》中着重指出，全球工业智能化的今天和未来，将更加需要企业之间在机械和设备制造、自动化工程和软件业之间进行合作，标准化的第一步是要在共同基本术语上达成一致。而尽管一些既定的标准已经在各种技术学科、专业协会和工作组中使用，但是缺乏对于这些标准的协调。因此，有必要将现有标准，在自动化、工业通信、工程、建模、IT安全、设备集成等领域，进行重新界定。

4. 德国标准化研究2030

“德国标准化研究2030”是德国于2016年1月提出的一项全新的标准化战略专题研究。

该项研究是在德国《工业4.0》快速推进与德国政府正式提出能源转型的背景下进行的。在提出《工业4.0》后，2011年5月29日，德国总理默克尔作出了一个历史性决定——2022年前，关闭境内17座核电站。德国将成为第一个明确去核化国家，并宣布了一项雄心勃勃的新能源计划：2022 年前，将太阳能、风能等可再生能源的比重提高到 35%左右。德国“能源转型”战略正式启动。在这样一个重要转型期，德国标准化领域人士对现在和未来的标准化工作开始了新的评估与战略制定。

该项研究的主要内容包括以下几个方面：一是关于标准化工作的外延界定的问题；二是关于政府部门在标准化工作中的作用和定位问题；三是国家标准化机构之间的互动与交互影响的问题；四是不同层面标准化的互动与协调问题；五是关于标准制定程序的问题。如现在标准制定和管理程序或方法是否合理？是否应该更加开放？现有标准化人才培养模式是否能够应对未来的挑战？

5. 其他标准化科研课题研究项目

除了标准化战略的制定，德国还开展了大量的标准化基础研究工作。如 2001 年开展的“标准化的经济效益”和 2006 年开展的“借助于标准化促进创新，提升市场竞争力”（以下简称“创新与标准化”）科研项目研究。“标准化的经济效益”项目在广泛调研的基础上，对标准化的经济和社会效益进行了系统分析，并得出了重要结论。“创新与标准化”项目是由德国联邦经济部资助的一个长期研究课题，其目的在于为未来的创新活动创造最佳的框架条件。“创新与标准化”项目包括两部分内容：一是由项目小组进行的基础性科学研究；二是专项课题的具体科研项目。

6. 德国标准化战略分析

通过对 2000 年以后德国标准化战略的梳理，可发现无论其战略名称如何变化，其标准化战略中有些东西是始终不变的：

一是始终关注并紧密围绕德国经济社会和技术创新发展的实际需

求，并且迅速调整战略方向，其目的是以标准化促进技术进步和产业发展。如目前研究重点聚焦到："互联网+（智慧家居、智慧能源等）""IT 安全""工业 4.0"等领域。但无论其研究重点怎样转移，其标准化研究目标始终如一，即技术标准战略是为市场竞争服务的，实施技术标准战略的最终目标就是要取得市场的主导作用和领先地位，以获取最大的经济利益。如其所愿，德国标准化战略的推进，不仅进一步促进了其相关产业的稳步发展，也巩固了德国在相关高技术领域的世界领先地位。

二是始终着力于推进标准国际化活动。在经济全球化、互联网信息技术爆炸式发展的时代，德国紧紧抓住标准化工作全球化的机遇，实质性地参与国际标准化活动，推动本国标准上升为区域标准（欧盟标准）和国际标准。从 2015 年 DKE 年报中的有关数据可以看出，德国主导制定的 397 项电工标准占当年 IEC 标准的 40%。其标准化始终与"国际化"共同推进。

三是始终关注标准化的协调性问题。这不仅体现在技术标准本身间的协调，还体现在标准化机构之间的协调，以及标准化工作与其他工作之间的协调。

二、德国标准化机构

DIN 是德国国家标准化机构，代表政府参加国际和区域性标准化活动，属于非营利机构；最早成立于 1917 年，总部位于德国柏林。德国联邦经济部是德国政府标准化主管部门。

（一）人员管理

根据 DIN 2016 年年报显示，DIN 集团有正式员工 632 人，其中 58%

是专家。员工中62%为女性，领导层中女性占39%。DIN集团员工的平均工龄为12.9年，拥有32199名外部专家。DIN从科研能力、专业知识、方法论专业知识和社交能力四大维度，20项能力指标完成率来衡量员工的薪资水平。DIN虽然奉行一周五天工作制度，但鼓励自由安排工作时长。

（二）组织架构

DIN由董事局、执行局、管理局、标准化局、董事委员会、委员会以及协调办公室等7个部门组成，下设两家子公司、一家联营公司。

1. 董事局

DIN董事局负责标准化政策，并直接或通过其委员会为DIN及其子公司和关联公司制定业务和财务政策决策。董事局的职责包括：为DIN的公共财物及其子公司和联营公司的管理制定准则；设定会员费标准；制定DIN产品的定价决策；确立负责标准委员会的技术领域和委员会的名称；决定是否拒绝或取消标准提案或新工作项提案。

2. 执行局

执行局负责管理DIN的业务，包括DIN技术、商业方面的正常业务。

3. 管理局

管理局的成员在组织、纪律和技术方面对各自领域负全部责任，他们向执行局报告。

4. 标准化局

标准化局主管标准化工作，涉及以下领域：结构与基础设施，工业与信息技术，创新、生活与环境。

5. 董事委员会

董事委员会支持董事局的各种活动，包括：董事委员会帮助董事局履行职责；董事委员会对 DIN 中的常设委员会、董事局任期一届的委员会以及为处理特定任务而成立的专门委员会进行区分。

（1）常设委员会

常设委员会包括：建筑和建筑物委员会；研究、创新和发展总统委员会（SO-FIE）；信息和通信技术标准化战略委员会（FOCUS-ICT)；DIN 消费者委员会（VR)；德国 DIN 合格评定委员会（DIN Kon Rat)。

（2）董事局任期一届的委员会

董事局任期一届的委员会包括：选举委员会和财务委员会。

6. 委员会

DIN 的委员会负责给执行局主席提建议，其协调特定领域的标准化活动并与其他组织建立联系。

DIN 有几个称为“委员会”的下属机构，专门研究标准工作的特定领域。这些委员会提供特定平台的决策者之间交换信息的平台；确定该领域的标准化需求，并向 DIN 执行局主席提供建议。

7. 协调办公室

DIN 的协调办公室和服务台专门针对特定领域，并就该领域的标准化向公共和私营产业部门的组织咨询。它们还与欧洲委员会和其他技术规则制定者保持联络，以确保信息的通畅。这些集中的协调办公室还在各自区域内的 DIN 内部协调标准化和研究活动。DIN 协调办公室还可以建立临时小组来起草 DIN 规范。但是，它们本身不会执行标准。

任何企业、高等研究机构、技术或产业协会、私立或公立法人团体、其他合法组织和合伙企业可以通过提交纸质申请，经执行局同意后成为 DIN 的会员。会员必须缴纳会费，会费的数目根据每个会员单位的大小决定。会员的福利包括自由复制标准供内部使用；标准电子版本可储存在公司的局内网中；享受 15%的标准购买折扣；获取最新的标准活动信息；在宣传活动中可使用“DIN 会员”的商标等。

（三）财务

DIN 是一个非营利性组织的私人组织，其总收入主要来自自营收入（标准销售和数据服务）、行业项目资金（民间资金）、会员费以及国家项目资金（公共资金）。2021 年 DIN 的收入结构如下：自营收入占比 62%、行业项目资金（民间资金）占比 18.5%、会员费占比9.9%、国家项目资金（公共资金）占比 9.6%。

（四）子公司及联营公司

1. 子公司

（1）Beuth Verlag GmbH

Beuth Verlag GmbH 是 DIN 的子公司。它以普鲁士的工业先驱和柏林工业大学的创始人克里斯汀·彼得·威廉·贝斯（Christian Peter Wilhelm Beuth）的名字命名，是为所有行业和专业人士提供全方位技术信息的提供商。为各种规模的企业、研究和学术组织、行业协会、服务组织、行业提供国际和国家标准、技术规则以及多媒体信息服务。

其多元化计划包括一系列特定行业的书籍、活页资料集、在线服务和期刊。这些标题中有许多可用英语提供或以双语显示。此外，“DIN 学院”提供有关技术主题的会议和研讨会。

（2）DIN Software GmbH

DIN Software GmbH 是 DIN 的全资子公司。它负责维护 DIN 集团的数据库。DIN Software GmbH 为公司业务流程的优化提供标准信息和专业信息平台。

2. 联营公司

德国管理体系认证公司（DQS GmbH）于 1985 年创立，目标是通过提供专业服务使客户的管理体系更有效运行。核心业务是管理体系、流程和组织的审核以及评估和认证，包括汽车、电机工程、引擎结构、金属和化工行业、服务、食品、医疗保健、航空和航天及通信业等行业。

三、德国标准化管理体系

（一）标准化体系

德国的标准分为五级：国际标准和地区标准，主要包括 ISO、IEC 标准以及欧盟等区域标准；国家标准（DIN 标准），由 DIN 制定或委托制定的标准；行业标准，除 DIN 以外的各种专业团体制定的标准性质文献；地方标准，州政府及其专设机构颁布的法律文件；企业标准，由各企业制定，多是保密的。

德国的标准体系一般由“技术法规”“技术规则”以及“一般基准、标准和规范”3 个层次组成。其中，技术法规是指由联邦政府、州政府以及其专设机构颁布的法律文件，特点为强制性、等级性和相关性，技术法规可分为3级，即法律、政令和管理条例；技术规则是指除DIN以外的各种专业团体制定的标准性质文献，其实质是德国行业标准；一般基准、标准和规范则包括DIN标准、钢铁材料标准（SEW标准）、企业标准、操作指南等，由近200个专业团体、协会、民间组织和政府机构制定。

企业的标准研发为国家标准奠定坚实基础。德国企业的研发活动最为活跃，从全球看，德国注册的第三方专利（triadic patents）数量仅次于美国和日本，研究领域中的38%为汽车，19%为电子，14%为化学，11%为机械工程，剩下的18%为其他领域，共有32.2万名员工，年度研发预算为461亿欧元。德国联邦工业研究协会成立于1954年，是一家非营利协会，主要支持中小型企业的工业研发活动，工业研究协会共有101个非商业性研究联盟、46家研究机构，并和700多家机构保持紧密联系，目的是支持科研项目落地和推进，增强中小企业的竞争实力。德国政府发起了一系列针对网络和集群的项目，主要是为了促进工程、生物技术、能源和环境、化学和纳米技术等领域的新技术应用。

（二）技术标准与政策法规

德国标准属于产业自治的产物，由所有利益相关方在协调一致的基础上制定，由独立的标准化组织批准发布，不具有强制性。特别是企业标准，其对技术要求的细节把握得更严、规范得更具体，标准与法律法规体系结构图见图3-2。法律法规由国家权力机构制定，强制执行，具有很强的约束性。

在德国，标准可以有力地支持立法工作，一是技术立法需要标

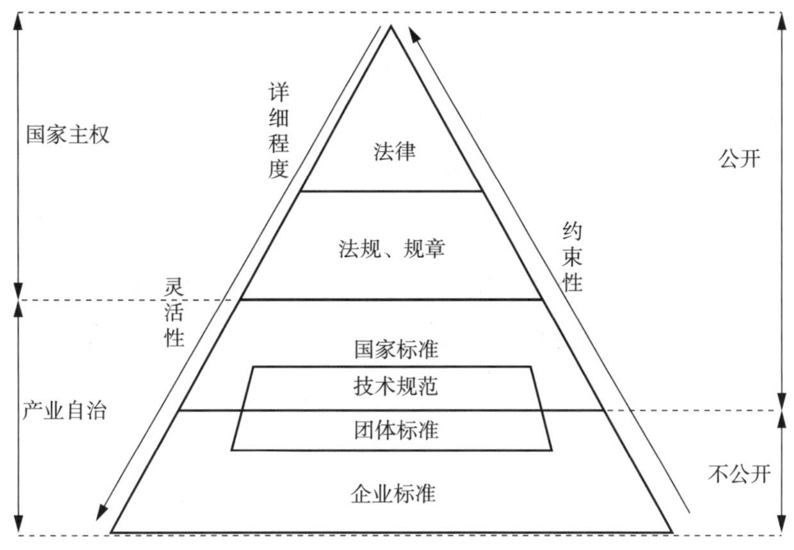

图 3-2　标准与法律法规体系结构图

准化专家的知识；二是制定太过详细的技术法规费时费力；三是立法过程相对较长，可能无法跟上技术快速发展的步伐；四是标准可以作为超越国家层面的附带条款，而法律法规只能在国家范围内适用。

（三）标准管理

德国标准的制定流程与我国标准制修订流程有相似之处，但仍然存在特色部分。

1. 立项

标准立项建议可以由任何个人（包括外国人）和单位以书面形式提交，也可以是通过邮件或者 DIN 的网站提交，但必须是德语的。标准立项建议需要包含需求评估、利益相关方和利益点、与现有标准和项目的重叠度、标准类别（国家、欧洲或是国际标准）和必要的经费证明。标准立项建议的主要信息公示期为3个月。技术委员会根据公示期间收到的意见情况决定立项与否。无论是否接受立项建议，或是调整归口，技术委员会都需要对标准建议者给予书面解释。标准建议者如有不同意见可以逐级申诉，直至董事局。专家由各利益相关方派出并授权，参与度均等。

此外，DIN的立项情况还需通报给欧洲标准化委员会（CEN），如果其他国家也对某一项目感兴趣，那么这个项目就有可能直接成为欧洲标准。

2. 标准编制

标准编制过程可分为工作稿、标准草稿和正式标准3个阶段。

（1）工作稿

由技术委员会内设的标准工作组编写，内容不得与其他法律法规和部门指令冲突，代表集体利益而非个别利益，充分考虑现阶段科技水平和经济发展的现实。

（2）标准草稿

标准工作组根据技术委员会讨论情况，对工作稿进行修改，形成标准草稿，并安排对外征求意见。对外征求意见的标准草稿会在DIN网站上公布征求意见。征求意见期间，所有提意见的单位和个人必须是DIN的注册用户（免费注册），所提意见必须附上理由。标准工作组在征求意见3个月内召开会议讨论反馈意见。不能协调一致时，将启动调解仲裁程序。所有意见处理结果，均需提交给质量管理部门。

标准工作组根据收集到的意见对标准草稿进行修改，提交技术委员会审议并形成最终稿，随即最终稿交由DIN质量管理部门编辑团队进行校对。质量管理部门在确认所有程序均已履行，并且意见处理完成后，会将标准文档交给出版部门正式出版。

（3）正式标准

标准最终稿形成后交由出版集团负责印刷和销售。DIN 出版集团虽然也要审查标准文本，但无权修改，一旦发现问题，要求技术委员会召集专家重新论证。

3. 标准复审

DIN 国家标准每 5 年复审一次，如果不能反映当前技术状态，需要重新修订或废止。

4. 标准编号

德国国家标准编号由 DIN 和数字组成，即“DIN ××××”，对于电工领域的国家标准编号则为“DIN VDE ××××”，例如“DIN VDE 0100”；如果采用欧洲标准，则表示为“DIN EN ××××”，采用国际标准，表示为“DIN ISO ××××”；如果采用的欧洲标准已采用国际标准，则可表示为“DIN EN ISO ××××”。

（四）技术委员会管理

DIN 2016 年年报显示，DIN 共有 69 个技术委员会和 3575 个分技术委员会。其中大部分是由 DIN 自己承担秘书处工作，小部分由 DIN 以外的技术单位（企业、科研机构）承担秘书处工作，这种被称为外部技术委员会。

1. 职责

技术委员会负责自己工作范围内的国家标准化工作，直接对口参与或承担欧洲及国际标准化工作。同时，技术委员会也会支撑所有相关领域德国国家标准的实施以及相关认证工作。

2. 组成

每个标准化委员会人数不超过 21 名，基本组成为一般成员、指导委员会、主席、标准工作组、项目经理（相当于秘书长）。成员主要来自大学、研究机构和生产企业。主席和秘书各设 1 人，由 DIN 派出。

3. 成立

以标准化工作需求为导向，当现有委员会工作范围无法涵盖新的项目标准提案、技术委员会需要整合或拆分时，将启动技术委员会组建程序。在明确工作计划、利益相关方、财务计划、指导委员会组成、主席和副主席人选等事项后，新技术委员会组建完成。

4. 撤销

经技术委员会内部三分之二以上成员同意，并经董事局确认，技术委员会可被撤销；如技术委员会暂时缺乏活动经费，可暂停工作两年,逾期将被撤销；如果所有标准项目均已完成，技术委员会也可暂停工作，直到新项目启动。

5. 指导委员会

指导委员会总人数不超过 21 名，由所有技术委员会成员选举产生，其中包括技术委员会主席、副主席以及 DIN 董事局成员，每个片区负责人或项目召集人、赞助方代表、其他利益相关方代表以及项目经理。

指导委员会相当于技术委员会的决策机构，主要职责包括选举主席和副主席、制定工作计划、研究建立并解散工作委员会（适当时，根据细分领域建立不同的工作片区）、协调本技术委员会的工作、指导监督参与的欧洲及国际标准化工作、批准预算及财务报告等事项。

6. 标准工作组

在技术委员会内部设置标准工作组，专门负责某一项或一组标准制修订工作，核心是起草标准和审批标准。

第三节 德国认证认可体系

一、德国认证体系

1. 德国的认证机构

在德国，认证机构大多数由行业协会演变而来，如德国电器工程师协会（VDE）隶属于电子电气和信息工程协会，主要为电器制造商、与电气有关的工程施工商、电源供应商、政府部门、消费者等提供认证、检验、培训等方面的服务，并承担了德国电子电气和信息技术领域的标准制定工作。德国莱茵 TÜV 股份有限公司起源于 1872 年的蒸汽锅炉监督协会，其品牌被视为经过公正测试的安全和质量标志。TÜV 目前共提供约 2500 项服务，分成 36 个业务领域，形成 6 条业务线，包括：工业服务、交通服务、产品服务、生命科学服务、培训与咨询服务和管理体系服务。德国技术监督基金会是德国政府创建的独立基金会，成立于 1964 年，其宗旨是通过匿名的方式购买商品和服务，并指导独立机构利用科学手段进行评估，对产品和服务测试比较，提供独立客观地从“非常好”到“差”的分析报告。基金会年度预算的 11%左右由德国政府资助。德国将认证作为最主要的产品质量保证方式，对民间机构的依赖较为普遍。以建筑领域为例，作为唯一的受德国政府委托的机构，德国建筑技术研究院承担大部分的建筑技术与产品的评估和认证工作，负责与欧盟标准化机构的对接，实现德国政府对工程建设技术与产品质量监管的统一管理。对于欧洲协调标准，涉及认证机构、工厂检查机构和检测机构。德国境内这些机构都是由德国建筑技术研究院依法指定，并通知欧盟管理机构备案并公示。

目前，根据市场需求和机构自身技术能力，德国境内授权依据欧洲协调标准认证的机构有 19 家，涉及不同的产品标准，基本没有重叠业务领域，且认证机构几乎同时都是检测机构和检查机构。检查机构有 19 家，涉及不同的检查领域，个别检查机构同时也是检测机构，仅从事检测的机构有 8 家。

2. 德国的认证法律

《认证机构法》为设立国家认证机构提供了法律框架，包括下列内容：将德国国内体系与欧洲的要求联系起来；规定认证机构的任务；规定包括认证公司在内的认证机构职责，保持最新的认证公司名单，并聘请外国专家；为认证机构的内部治理和财务提供支持；为认证机构使用认证标志提供支持；详细说明德国政府授权认证机构作为一项公共机构活动进行认证的方式，并给予其正式认可；规定行政程序，以及继续雇用新组织中之前在公共服务认可组织中雇用的公务员。

3. 德国的产品认证制度

在全球制造业竞争加剧的背景下，随着物联网技术和制造业服务化的兴起，德国政府在2010年7月公布《高技术战略2020》，2013年4月推出《工业4.0》。《工业4.0》是德国版的“再工业化战略”，以保持德国在全球制造业中的竞争地位为主要目的。德国奉行社会市场经济发展模式，注重政府投入，奉行私人企业的“更为自由”的创业、无限制竞争和社会平衡观点，其认证认可体系体现了政府与民间团体合作的特点。德国的各种行业、贸易协会、认证组织以及标准化组织在加强各类产品质量、促进行业发展、加快整体经济增长方面起到了至关重要的作用。德国拥有几家大型集团和专业协会致力于满足特定行业需求，而认证和标准化组织也在维护各种产品和服务所要求的质量规范和标准中扮演了重要的角色。这些协会和组织确保了产品和服务的可靠性，使得消费者对其质量和效率放心，也满足了行业和政府所要求的标准和法规。

1917年，DIN以非营利组织身份在柏林注册，是德国最具代表性的公益性民间机构，主要职责是制定行业标准，并在政府授权下代表德国参与国际准则的制定，共有约2.8万名专家致力于发挥其经验和技能来促进标准化进程。DIN与德国政府签订协议，成为公认的代表欧洲和国际标准化组织的国家标准制定单位。20世纪80年代末，德国成立了由BMWi、DIN、联邦道路交通局（FART）、联邦劳动部（BMA）、德国联邦材料检验院（BAM）及20个认可机构代表组成的德国认可委员会（DAR，2010年，DAkkS成立后该委员会停止了其活动），在国内外代表德国政府，负责协调认可组织之间的关系，并发布被认可的认证机构和实验室信息。德国认可组织采用“二分法”，即在产品强制领域，认可组织是政府机构；在非强制领域，其认可机构是民间或非营利机构，显示政府对强制领域的重视。

二、德国的认可体系

（一）德国认可机构

DAkkS 是德国的国家认可机构。根据第 765/2008 号法规（EC）和《认可机构法》，其作为德国认可的唯一提供者，符合公众利益。DAkkS 是一个非营利组织，受联邦政府委托执行其公共机构认可任务。

（二）DAkkS 的职责

DAkkS 对合格评定机构（实验室、检验和认可机构）的认可负有法律责任。DAkkS 对这些机构的技术能力进行评估、检测和证明，而这些机构提供的技术服务在几乎所有的工业和贸易环节都是必需的。客户范围从小型实验室到跨国公司。

通过成立国家认可机构，德国建立了对制造商、消费者和合格评定机构透明的认可体系。DAkkS 为所有合格评定领域提供同一来源的认可服务。认可程序建立了对证书、测试报告和检查结果的信任，并支持其全球认可。在这方面，DAkkS 为产品和服务的质量保证、消费者保护和德国经济的竞争力作出了重要贡献。

DAkkS 向公共当局和非公共当局领域的合格评定机构颁发认可证书。DAkkS 根据《认可机构法》在德国境内开展活动。

（三）DAkkS 的法律依据

1. 法规

① 第 765/2008 号法规（EC）规定了关于产品销售和废止条例

（EEC）第339/93号的认可和市场监督的要求。

② 认可机构法案（AkkStelleG）。

③ 将公共权力职责移交给认可机构的规定。

④ 认可机构活动费用条例。

⑤ 认可标志设计和使用认可标志规定。

2. 标准和规则

① DIN EN ISO/IEC 17011标准合格评定机构、认可机构的一般要求。

② 欧洲认可合作组织（EA）、ILAC、IAF的规定和协议。

3. DAkkS的工作方式

（1）公正

为保证DAkkS活动的公正性，委员会及参与认可的工作人员均应自觉抵制来自内、外部的不正当的商业、财务、权利和其他方面压力的影响，保证认可工作的正常运行，严格按照DIN EN ISO/IEC 17011标准进行各项认可工作。

作为一个独立的认可机构，DAkkS不歧视任何客户，其服务通常向所有合格评定机构提供。DAkkS确保员工、指定的评估员和专家以及委员会能够在客户的商业利益方面保持独立性，他们不会受到任何可能对其评估能力产生负面影响的压力或影响。

指派的评估员和专家的公正性在各自的合同、评估员和专家的任命以及委托准则中有明确规定。DAkkS的所有全职和外部员工必须及时将任何潜在的利益冲突通知管理层。

（2）保密

DAkkS的所有全职和外部员工、DAkkS会员以及因其职责而获得认可案例信息或收到其他信息时，都必须对这些信息保密。这些类型的义务或直接列在雇佣合同、细则、程序说明中，或在特殊情况下可包括在单独的保密协议中。在特殊情况下，经合格评定机构同意，可免除保密义务。如法院要求 DAkkS 提供信息，并且已就此通知受影响方，则无需签订此类协议。在这种情况下，将通知受影响的合同伙伴提供此类信息。如某些信息的传输违反了 DIN EN ISO/IEC 17011 的要求，例如在潜在利益冲突的情况下，DAkkS 的会员可能被排除在外。

（3）政府监管

根据 AkkStelleG，在 BMWi 的领导下成立了认可咨询委员会（AKB）。其在认可问题上为 DAkkS 提供咨询并支持认可委员会认可合格评定机构（KBS）。这种监管职能的设计保证了认可决策的独立性和公正性。

（四）DAkkS 的历史和起源

1991 年，DAR 成立，该委员会由 BMWi、德国劳工部（BMWA）、德国化学认可机构（DACH）、德国检测认可机构（DAP）、德国技术认可机构（DATech）、DIN、BAM 等近 20 个机构共同组建，其中包括了很多能积极影响德国认可政策的工业界代表。DAR 主要任务是协调实验室、检测机构、认证机构及合格评定机构在认证认可领域的工作，特别是强制与非强制领域认可组织之间的关系；处理自愿性及强制性领域内的一般问题；并在国内外代表德国认可组织，发布被认可的认证机构和被认可的实验室名录。

2008 年，欧盟第 765 号规章生效施行，其核心内容为欧盟成员国只可设置一个以非营利为目的的国家认可机构，该规章促使德国对原来的认可制度进行改革。因此，2009 年，德国联邦会议通过《认可机构法》。

依据《认可机构法》第 8 条规定，BMWi 可授权 1 个司法上的法人认可机构或设立一个联邦认可局。在认可程序范围内，有认可机构检验评定合格机构是否具有专业能力与专业的资格，以执行特定的合格评定任务，通过检验后则获得合法认可证明。

依据《认可机构法》第 1 条第 1 项规定，由国家认可机构进行认可，即为总部位于柏林的 DAkkS。

2009 年 10 月 16 日，DAkkS 设立公司章程，依据《认可机构法》进行认可及其他认可事务。依据《认可机构委托条例》第 5 条规定，DAkkS 应参与国际认可组织的事务，因此 DAkkS 成为欧洲认可合作组织（EA）、IAF 以及 ILAC 的成员。

2009 年 12 月 21 日，BMWi 根据《认可机构委托条例》，授权 DAkkS 作为德国唯一的国家认可机构履行职责，包括新的认可、更新认可与监督现有的认可。大部分现有的认可机构合并入新成立的 DAkkS。DAkkS 获得授权后，DACH、DAP 以及 DATech 等 3 家最重要的私营认可机构并入 DAkkS。

2010 年 1 月 1 日起，DAkkS 作为国家认可机构开始运作，一方面担负起国家机构的责任，另一方面对民营机构进行认可。

（五）DAkkS 的组织结构

DAkkS 是德国的国家认可机构，根据法律授权，为政府、经济、社会和环境保护作出了重要贡献。其组织机构图见图 3-3：

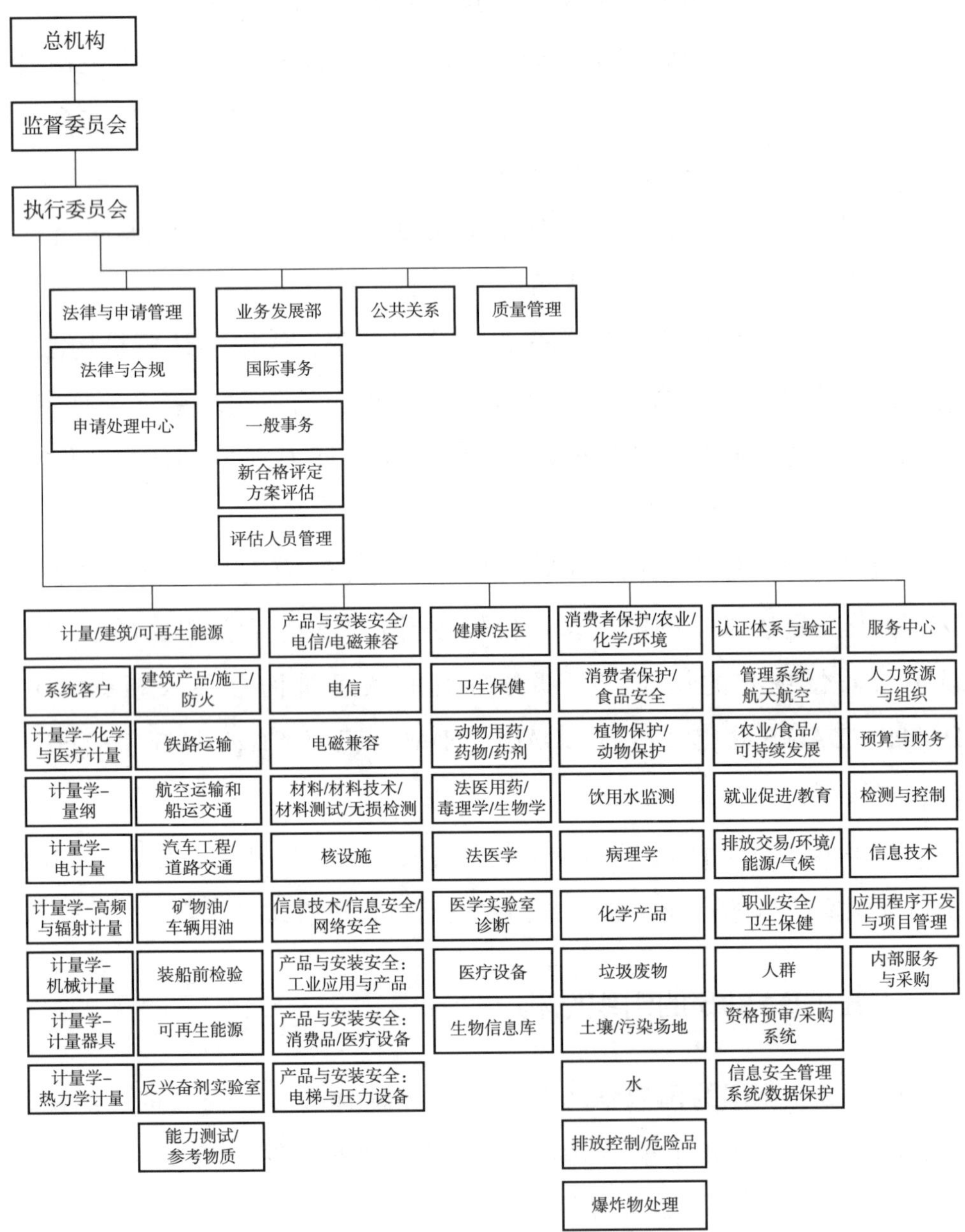

图 3-3　DAkkS 组织机构图

第四节　德国国家质量基础设施建设的经验与启示

尽管中德两国质量技术基础设施技术和行政管理体系有所差别，但其先进经验确有许多值得借鉴之处。

德国建立了一整套独特的“法律-行业标准-质量认证”管理体系。在完善的法律法规基础上，细化为数万项的行业标准，然后由质量认证机构对企业生产流程、产品规格、成品质量等进行逐一审核。目前我国的质量管理体系划分较为笼统，权责划分不明确，不能严格按照现有的体系实施，从而导致产品在不同环节均有出现质量问题的可能。

德国的产品质量管理体系涉及消费者权益保护部门和质检部门，半官方的德国工商总会、中小企业联合会等都在全球建有庞大的联系网络。此外，相关立法机构、行业标准化机构、质量认证机构等，在海外产品安全管理中发挥着重要作用。我国虽然也有类似的机构，但没有完全发挥其真正的作用，存在工作效率、实施结果不显著等问题。

对我国质量技术基础设施建设的启示：

（1）强制检定部分业务的社会化值得关注

近年来，如何发挥社会化机构在检定中的作用，尤其是私营机构的作用，在我国引起了广泛关注。如何能够在实现检定目的的同时又减少政府开支，更大程度地促进社会发展、实现社会利益的最优化，是欧盟不少成员国政府思考的问题。MID 指令的出台，就是一次重大改革，对 10 种计量器具的首次检定已经有条件地交由社会化的机构实施。欧盟各成员国有周期检定的权限，在保证周期检定公正独立的前提下，追求最大的社会效益和相对较低的行政成本，政府计量部门也有可能放弃周期检定的技术工作，而只对从事周期检定工作的社会化机构监管。对此需进一步跟踪和思考。

（2）抓好人员的培训工作

德国政府计量部门的计量人员较少，但是计量工作和监管工作均可以做得很到位，原因有以下几个方面：第一，注重抓好培训工作，人员业务精、素质高。德国注重以人才培养夯实计量基础工作，计量人员要参加岗前和在岗的培训，培训注重实效，检定人员基本上能从事所有检定项目的业务工作。第二，列入法制管理的计量器具种类少，业务比较单一。因此，各市检定局的业务范围就是从事计量器具的检定和监督检查，确保计量器具检定到位。

（3）政府部门之间沟通协作良好，建立高效便捷的跨部门信息资源共享机制

良好的部门间协作，充分沟通、资源共享，节省了计量部门相对紧缺的资源，提高了计量管理部门各项工作的针对性和有效性，提高了政府计量部门的监管成效。比如，建立了计量部门与其他部门的数据信息共享机制，如注册成立公司或企业、进口商进口货物等需要向政府相关部门备案的相关信息，计量部门都能及时得到，对其中有关计量方面的信息及时备案，实施监管。因此，倡导沟通协调，在尊重各职能部门业务流程的基础上，逐步建立起一套便捷、高效的信息互换机制，这套机制将对计量工作的开展起到积极的促进作用。

（4）充分挖掘资源，探索资源的最佳配置方式

第一，整合政府计量部门的资源。如巴伐利亚州突出重点和优势项目，在州内各市局的设立上统筹兼顾，不搞重复设置。发挥各市检定局的专长，某些计量器具检定任务常集中交由一两个市级检定局承担。

第二，发挥授权站的作用，充分利用社会资源。水表、燃气表、电能表和热量表的检定业务全部交由授权站实施，减轻了政府计量部门的工作量，从而能集中做好其他计量器具的检定。

第三，为了节省行政资源，对政府计量部门进行了整合。只有政府计量行政管理部门、法定计量技术机构明确各自职责，准确定位，优势互补，实现检定资源的合理配置和共享，才能促进计量工作的整体健康发展。

（5）实施积极的争夺型国际标准化战略，变事后竞争为事前竞争

随着经济全球化的发展和国际产业结构的急剧变革，基于加强产业竞争力的需要，将国家标准转化为战略性的国际标准的重要性日益增大。图 3-4 以技术标准为例，阐述了标准化的竞争过程。

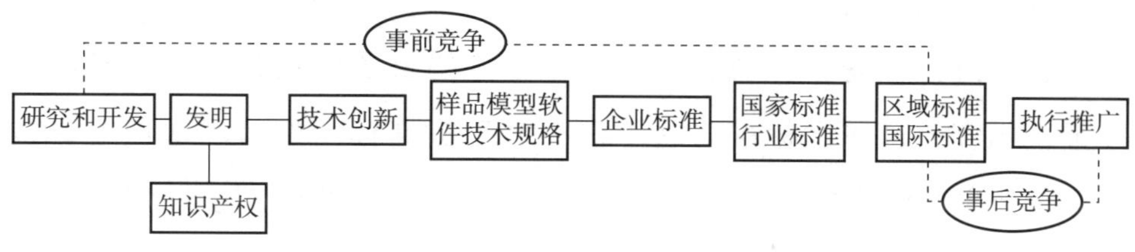

图 3-4　技术标准化的竞争过程

由图 3-4 可以看出，如果国家能够参与标准的事前竞争，使其标准被国际标准采用，则该国企业的产品技术在市场上具有独占性，这为其扩大市场和技术进步打下基础，可直接提高企业的效益。正因如此，发达国家已将标准化工作提高到战略水平，虽然我国也愈来愈重视标准化工作，但标准化工作的体制、标准的水平与使用情况仍远远落后于经济的发展和需要。因此，我国应采取积极的竞争策略，将事后竞争转变为事前竞争：一方面应加大国际标准化人才的培养和引进力度，进一步扩大我国在国际标准组织中的数量优势；另一方面应组织更多的标准化专家和企业参与国际标准的制定工作，加强科技研发，

对以标准化为目的研究开发项目给予财政支持，密切关注国际标准化工作的前沿动态，积极参与关键领域的国际标准化活动，提高国际标准化活动的质量，以争取在关键领域的话语权甚至是控制权。

（6）建立团体主导的标准化体制

克努特·布林德（Knut Blind）曾指出，在技术变革中，基于政府协调的方案是最不可靠的。我们无法预期政府决策者能够充分了解技术开发的市场机会，并且能够作出最优决策。而就我国现状而言，国家标准、行业标准和地方标准均由政府主导制定，且70%为一般性产品和服务性标准。因此，我国应该转变政府主导的标准化体制为团体主导的标准化体制。一方面，在世界贸易组织《技术性贸易壁垒协定》（WTO/TBT协定）2.2条款规定的5个正当目标以及关于资源节约等公共基础领域范围内，由政府制定强制性标准；另一方面，则充分发挥各学会、协会和商会、联盟在标准化领域的重要作用，由其主导制定并推行相应的自愿性标准。这不仅有利于提高标准的市场适应性，也有利于建立政府主导制定的标准与市场自主制定的标准协同发展、协调配套的新型标准化体系。

（7）简化标准制定流程，完善标准协调机制

首先，我国应该简化标准的制定流程，以我国目前国家标准的制定流程为例，从最初的预立项阶段到出版阶段，总共包含7个阶段，这大大延长了我国标准的制定周期，难以满足经济提质增效升级的需求。因此，借鉴德国的标准制定流程，简化不必要的流程，合并交叉的流程，例如：预立项阶段和立项阶段可以合并，征询意见阶段和审查阶段可以同时进行；除此之外，应该简化审批过程，提高标准的制定效率。

其次，我国应该改变现有的以自上而下为主的标准协调机制，这是因为，在这种机制下，企业尤其是中小型企业的参与度低，由此发

布的标准就不能很好地平衡其利益，则标准执行率低。所以，我国应该采用自下而上和自上而下相结合的标准协调机制，先由企业成立标准工作组来负责相关标准的制定协调工作，同时，指定相应的标准主管部门给出一个自上而下的方案，以便于达成共识。另外，标准草案制定完成后，由标准起草工作小组进行论证、修改，然后向全社会公开征求意见，对主动征集的合理意见进行采纳，而不仅仅是公示。这既能保证各利益相关方的参与，又有助于避免技术不确定带来的整体性错误，最终形成政府引导、市场驱动、社会参与、协同推进的标准化工作格局，提升标准化管理效能。

第四章

CHAPTER 4

英国国家质量基础设施建设的经验

第一节　英国计量体系

一、英国计量战略

2017 年 3 月，英国商业、能源和工业战略部（BEIS）发布了《英国计量战略》，主要包括以下 5 个战略主题：

① 投资世界领先的计量基础设施；

② 确保良好的政策、法规和标准；

③ 更好地与终端用户联系，并产生影响；

④ 提升英国的计量技能；

⑤ 为数据智能应用提供信心。

2018 年 6 月 1 日，英国发布了计量战略的实施计划。该实施计划围绕计量战略的各项主题，制定了一系列具体任务，旨在支持英国充分发挥其世界领先的国家计量体系（NMS）的作用。

NMS 在确保英国满足其国际测量需求方面发挥着关键作用，也为支持英国关键政策、法规，甚至维护主权能力等方面发挥着重要作用。通过帮助从业人员培养新技能，为开发新技术的企业提供服务，以及参与多个“大挑战项目”（如清洁发展和人工智能）的开展实施，NMS肩负着具体实施以及支撑英国工业战略的责任。BEIS 每年向 NMS 投入6500 万英镑，用于资助先进制造业、生命科学与健康、能源、环境以及数字领域的研究。

英国工业战略面向未来阐述了政府对英国的建设之道，而计量在支持工业战略方面发挥着至关重要的作用，并通过对未来各项技能、工业和基础设施的投入，帮助企业在英国各地提供更好的高薪工作。NMS 对推动工业战略中的重大挑战项目发挥着重要作用，并直接支持工业战略中规划的目标、人员、基础设施、营商环境和场所等 5 项基础建设，从而推动测量技术的发展。

NMS 将制定一系列具体计划，以实现计量战略所要求的成果。在2017 年至 2020 年期间，NMS 计划开展的各项活动主要包括：

① 与相关合作伙伴联合提供一系列新的世界领先的测量中心，投资最佳测量能力，以满足未来的新需求，如量子技术、核酸计量、多相流研究和医学物理；

② 基于可信赖的测量科学、数据和信息，健全循证的政策决策过程，在政府部门和相关组织机构中应用合理的科学政策建议，从而提升消费信任度；

③ 扩展 NMS 的产品和服务范畴，如良好的实践指南、直接的建议与支持以及通过适当的渠道提供更便捷的访问；

④ 与最终用户合作创建国家培训计划，增加对学生的计量技能培训，保持英国劳动力专业的发展，从而维护和发展 NMS 在计量技能方面的领导地位；

⑤ 主导并发布对未来测量专业知识的评估，从而提升与之相关的新的数据计量和标准能力。

二、英国计量机构

（一）英国国家物理实验室（NPL）

NPL 由 BEIS 掌管并负责，创建于 1900 年，坐落在英国伦敦特丁顿的灌木公园（Bushy Park），NPL 是英国国家计量基准研究中心，也是英国最大的应用物理研究组织。它的研究方向涉及电气科学、材料应用、力学与光学计量、数值分析与计算机科学、量子计量、辐射科学与声学等。作为高度工业化国家的计量中心，它与全国工业、政府各部门、商业机构有着广泛的日常联系，对外则作为国家代表机构，与各国际组织、各国计量中心联系。它还为解决环境问题，例如噪声、电磁辐射、大气污染等向政府提供建议。

（二）英国政府化学家实验室（LGC）

LGC 成立于 1842 年，是集实验室服务、测量标准、标准物质及实验室能力验证于一体的市场领导者。历经 170 年，LGC 已发展成由以下分支机构组成的集团公司：LGC 标准品部门、LGC 法医刑侦科学部、LGC 基因组学部、LGC 科学技术部、LGC 健康科学部。技术范围涵盖：研发及质量控制、医药及生物技术、刑侦科学、生命科学、食物链及环境监督安全等基础研究领域。与此同时，LGC 也在很多政府及工业部门中的提高测试标准及改进测试能力项目中发挥核心作用。LGC 是从事医药、食品、环境、工业、生命科学等领域检测技术及检测标准的集团公司。

（三）英国国家工程实验室（NEL）

NEL 是英国流量和流体密度的指定计量机构。NEL 在英国 NMS 的框架内提供了一套国家标准，在全球范围内为工业部门提供流量计量和流体力学服务，包括校准和测试、技术咨询以及流量计量等多个方面的长期应用研究。NEL 提供的综合流量计量基础设施在国际上处于领先地位。与此同时，NEL 通过法规和标准，在工业用途液体和气体贸易的计量方面也发挥着主导作用。NEL 及其流量计量研究所的合作伙伴在流量计量领域不断推动技术创新。

（四）监管交付局（RDD）

RDD 是法定计量和静态计量的指定计量机构（通过“合法计量”计划交付），其任务是简化技术监管，以造福英国企业。在需要监管的地方，RDD 专注于使用正确的干预手段来解决问题，确保以有利于企业增长的方式设计和实施相关法规。

RDD 的目标包括：简化权重和措施的立法框架，并建立标记以支持运作良好的竞争性市场；帮助企业了解并遵守法律要求，保护公平竞争；使用《监管者守则》执行技术法规，更有利于英国企业发展；提供合法的计量基础设施支持商业发展，为企业提供产品和流程创新所需的信心，并提供一系列认证服务，使企业能够将其产品出口到全球。

（五）英国国家齿轮计量实验室（NGML）

NGML 是纽卡斯尔大学机械与系统工程学院设计部门的一部分。设计部门是一个专业的外展中心，专业领域为机械动力传输系统的设计、开发、咨询和研究。NGML 是英国齿轮专业大学集团的一部分，为国际齿轮行业提供服务，涵盖工业、发电、运输、航空航天、家用电器和国防等领域。

NGML 于 1987 年移至设计部门，是英国指定的齿轮计量研究所。NGML 获得英国皇家认可委员会（UKAS）的认可，可进行齿轮的计量和校准以及齿轮计量机的校准。

（六）英国国家生物制品检定所（NIBSC）

NIBSC 是世界卫生组织（WHO）的一个国际标准品供应中心实验室，它的核心工作是制备、保存和分发 WHO 用于检测全球生物制品质量的标准品。NIBSC 制备的流感毒株和检测抗原、抗血清标准品，保障了生物产品生产厂家顺利研究和生产。NIBSC 对投入英国市场的生物药品提供独立测试，尤其是用于英国儿童免疫计划的疫苗，NIBSC 同时也是欧盟控制药品进入欧盟市场的官方药品控制实验室。如果出现不能满足药品存放要求或患者有不良反应等问题，NIBSC 也可对已投入欧盟市场的产品进行检验。

NIBSC 认为对 NIBSC 工作的核心职能制定，并维护一项既均衡又主次分明的计划至关重要，如控制和评估生物药品、开发并提供关键的生物学标准和其他参考资料、开展针对任务的研究和开发工作。

NIBSC 战略目标：对生物产品生产厂家和消费者提出关于生物产品的问题给出回复和建议；提供生物药品方面的国家科技力量，维持满足科学和药物学领域新发展需求的灵活性、专业知识性和设施完善性；作为化验方法（如量化生物学活性、确定生物产品特征和进行安全评估）方面的国际领先权威机构运营并得到认同；在欧洲生物产品的控制和标准化方面，继续发挥科学基础开发的中心作用；在生物药品法规的科学方面帮助国际社会达成共识，并与世界卫生组织紧密合作；在生物制品质量控制的关键领域实现和维护质量鉴定。

三、英国国家计量系统

（一）核心基础设施

NMS 是支撑贸易、工业和法规的国家技术基础设施。在 BEIS 的支持下，NMS 依托 NPL、LGC、NEL、RDD、NGML、NIBSC 6 家核心计量实验室，在促进英国的创新发展方面发挥着至关重要的作用，并为校准认证提供支撑性的服务。

（二）计量社区

计量实验室有更广泛的合作网，可以被认为是一个更广泛的计量社区，社区包括质量、科学与创新、法律和法规以及国际基础设施方面的组织，以通过获取知识、技能和设施来推动影响。

（三）英国计量系统的影响

英国计量系统的影响路径见图 4-1。

1. 科学与创新

随着科学、技术和数据需求的加速发展，各国出现了新兴产业。计量需求需要与科学界合作进行协调和交付。好的计量方法可以量化和复制科学研究成果，最终可以归纳总结新发现的问题，并提高达成科学共识的速度。英国拥有世界领先的科学基地和计量基础设施，两者紧密协作，既可以将计量应用于科学研究，又可以根据科学发现开发新的计量方法。计量实验室在各个领域与顶尖的科研人员以及政府部门进行合作，并将获得的科研和工程能力应用于公共部门研究机构。

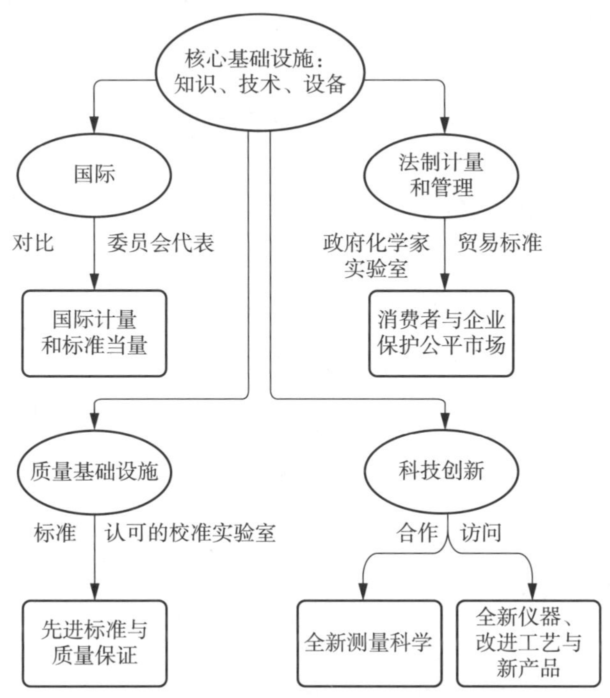

图 4-1 英国计量系统的影响路径

2. 英国质量基础设施

英国质量基础设施包括计量、标准和认证，因其方法的卓越性而享誉国际。通过有效联动计量、标准和认证工作，减少了贸易过程中的重复计量，进而降低供应链成本，建立买卖双方的信任。NMS 依靠大约 1500 个经过认可的校准和计量实验室，以及核心计量基础设施的专业知识，支持了超过 900 个国际和国家级别的计量、标准委员会以及专业机构，确保所使用的计量方法以合理的计量实践为基础。

3. 国际计量系统

计量是一项全球性的工作，可确保全世界计量单位的一致性和认可性。英国的计量实验室负责全球联络，并在国际计量基础设施中代表英国。《米制公约》有 97 个签署国和准会员，是确保在国际计量委员会（CIPM）的主持下建立通用的计量体系的国际条约。

4. 英国的法制计量学

在英国，超过 1000 名贸易标准官员接受了度量衡培训，在 207 个地方政府实施度量衡立法，以支持当地企业，保护英国消费者。

LGC 的职能是为监管机构和行业提供建议，以解决科学争端并开展研究。该项职能是在英国多项议会法案支持下的法定职能，职能范围包括食品质量、动物饲料质量、杀虫剂质量、药品质量和化学品质量等重点监管领域。

（四）英国计量系统的领导地位

英国的计量系统处于世界领先地位。无论是在国际上，还是在英国国内，这种领先地位都为英国提供了许多关键优势。

（1）贸易和出口

在国际层面上推动英国制定的标准，这些标准是全球贸易的基础，可为英国提供竞争优势。它可以确保英国的工业实践在全球范围内被采用，并加速英国技术和产品的商业化。

（2）全球范围内的商业友好标准和规则

英国可以通过其领导地位来影响国际范围内的贸易标准和规则，使英国企业在国际贸易中处于有利地位。

（3）科学和创新方面的领导地位

英国在全球计量界的领导地位，有助于其在尖端科技领域的发展，从而增强了英国领先世界的科学和创新体系，并有助于吸引国际高科技企业和研究机构。

英国政府致力于保持这一领导地位，并为此作出以下努力：

① NMS 支持多个政府部门的关键政策目标、法规和运营要求，包括：环境部的食品、农业、空气和水质量法规；英国国家医疗服务体系（NHS）中卫生部（DH）的医学诊断和治疗；运输部（DfT）的运输基础设施监控和酒后驾驶法规；英国本土的国土安全；BEIS 的国家温室气体（GHG）清单；英国的排放观察以及加速低碳技术的开发和采用；对 BEIS 和财政部（HMT）的石油、天然气生产征税。

② 英国在欧洲的计量领域中起着领导作用。英国从欧盟委员会获得了 5 亿欧元的资金，用于支持计量研究和能力的发展。该项目将通过减少重复和增加影响来提高研究的效率。总体目标是在不断加快创新和竞争力的同时，继续提供必要的支持以保障人民生活质量。英国希望退出欧盟后继续发挥领导作用。

③ 83%的全球制药领导者在英国设有分支机构。化学和生物计量是该行业的基石，英国的计量系统致力于响应市场需求。2017 年，英国首家获得 UKAS 认可的数字 PCRDNA 测量校准设施在 LGC 开放，使分子诊断试剂盒和参考材料的开发人员能够开发出造福患者的高精度产品。

④ 石油和天然气行业将继续为英国经济作出巨大贡献，提供约 375000 个工作岗位，并为英国提供超过一半的石油和天然气使用量。

⑤ 英国是第一个通过实践来证明纳米技术可以支撑贸易的国家。NPL、英国政府和英国标准协会（BSI）紧密合作，向 ISO 提出了一项提案，要求成立一个新的纳米技术委员会，通过制定标准提高英国产

业竞争力。

四、英国量值溯源体系

根据英国量值溯源体系（见图 4-2）的要求，依法管理的计量器具必须进行检定。政府放开对于法制管理范围以外的计量器具的管理，通过校准达到量值溯源的目的。校准机构一般要通过 UKAS 的实验室认可。地方标准必须通过校准方式溯源到国家标准，这是国家强制要求。量值传递路径从最高标准到工作计量器具只有三级：国家标准→地方标准→工作计量器具（依法管理的计量器具、其他计量器具）。这种模式能够充分发挥国家计量标准的先进性，以最快捷的路径传递至基层和应用领域，让计量成果最大限度地渗入生产和生活领域。

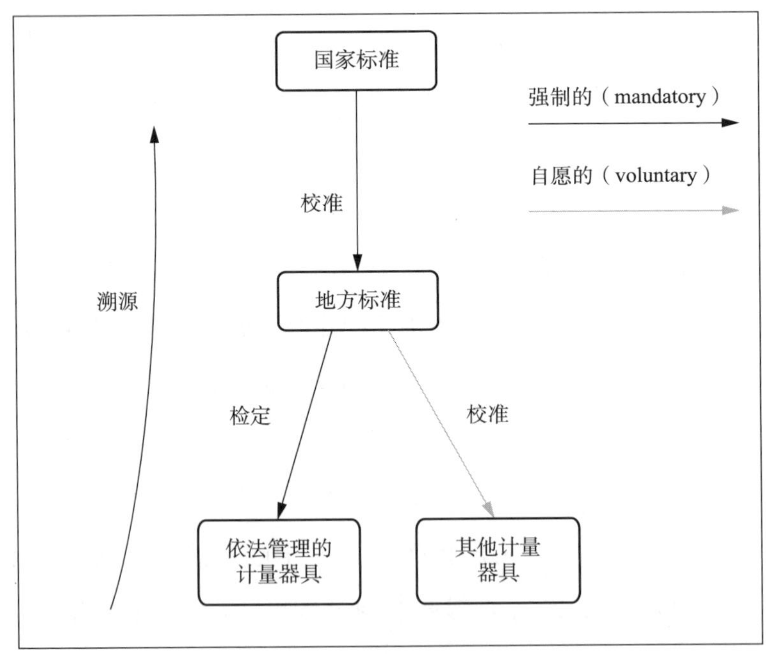

图 4-2　英国量值溯源体系

第二节　英国标准化体系

一、英国标准化战略

（一）英国标准化战略框架

2003年，英国贸易工业部、BSI和工业联合会共同发布了《国家标准化战略框架》（NSSF）。NSSF确定了英国标准化发展方向和持续发展框架，指导着英国长期的标准化行动。

英国标准化战略框架包括两个要素：一个是战略要素，确定英国标准化的方向；另一个是框架要素，为目前实施的标准化建立一个结构。这些要素构成NSSF的核心、确定可持续发展的标准化战略的原则，使NSSF的使命和构想进入实际的实施阶段。NSSF是一个长期存在的战略框架，它将指导未来标准化的实施。

NSSF的使命是确保对标准和标准化的理解和使用有一个逐步的变化，以有利于企业、政府和社会。英国标准化的未来构想是：①英国企业对标准化进行战略性使用，建立竞争优势，推广最佳做法，进入新市场并促进革新；②对标准化进行有效使用以达到公共政策、法规监管和社会目标；③标准化得到基础结构支持，该基础结构协调、高效，能满足其利益方的不同需要。

英国贸易工业部、BSI和工业联合会将从高层次和具体项目层次这两个方面对NSSF的实施进行监测。衡量方法将根据量化指标确定，如企业参与标准化的程度，制定的标准与市场的相关性，新兴领域的标准化活动水平，通过标准化活动创造的新商业机会的价值，标准化资源的可用性和可理解性及政府部门在政策、监管和采购中实施标准化的情况。其他衡量指标则更倾向于定性，如建议措施最终是否得到实施。在可能的情况下，将对关键领域的目标采用具体的经济指标进行考核。

（二）关键领域

为了达到构想目标，NSSF 强调 6 个需要关注的关键领域，在每个关键领域都制定了一个目标和一套战略指导方针，为行动提供动力并对每个领域内初步实施的建议进行了归纳。

1. 企业目标

将增强英国企业对标准化的了解和实施作为提高技术和战略层次上的竞争力和生产力的重要手段。

① 企业标准化有助于英国企业打开国际市场、提高生产力、加快向市场转化的速度、建立竞争优势。鼓励革新及推动企业以较低的成本遵守法规，适当选择正式和非正式的标准化方法以满足企业的需求，并考虑行业结构，如产品、服务类型，技术发展速度，产品寿命周期的长短和在寿命周期内的不同阶段的需求，以及市场结构方面的差异。

② 企业的参与是提高企业对标准化进行战略性实施的第一步。初步实施行动将与企业和代表组织建立对话，帮助企业了解首要任务并分享机会，通知企业参与有关增强意识的活动。这些活动包括案例研究、指导以及培训如何利用标准化提供的机会。

2. 政府目标

提供框架，促进英国企业竞争力的提高并支持社会利益，使公共部门在政策、监管和公共采购中能更有效地推行标准化。

① 加强对公共部门标准化活动的协调，作为监管过程的补充，以减少行政程序，降低遵守法规的成本并确保其更有效地实施；将革新和可持续发展能力等重要的政策领域纳入标准化；在公共采购中尽可能采用标准化，以便提高政府采购效率；增加中小企业在公共部门提供的市场中的机会。

② 为了增强政府对标准的有效使用，明确政府在标准化活动中采用的方法。该项活动将获得英国国家标准局（NSB）支持，有助于提高英国政府各部门的标准化意识，并对不足之处进行改善。

3. 基础结构目标

建立协调、有效、有持续资金支持的标准化基础结构，产生能够满足所有利益方需求的结果。

① 协调和管理英国标准化基础结构中的所有要素，使其在了解并重点关注利益方的需求上起到积极的作用，确保一致性，消除重复；对有限的资源、每个参与者的能力进行最优使用；提高英国标准化基础结构的能力，采纳新开发的标准化模式，及时推出有关的解决方案，满足利益方的需求。

② 努力改善协调，使标准化活动与英国商业利益和公共政策目标保持一致。这将通过建立一个论坛，加强对优先项目、方法、资源的沟通来实现。初期的项目将为 NSSF 和标准化体系建立一个衡量方法。在该领域开展的活动既能提高 NSB 的工作效率，又能提高市场可供利益方选择的标准化方案的透明度。

4. 国际目标

作为通向国际化的大门，英国政府对标准化进行最优利用，以获得更为开放的市场；减少贸易壁垒，发挥英国的贸易优势；进行技术转让以达到国际发展目标。

① 了解其他贸易国家的标准化行动对市场的影响，使英国能够应对竞争威胁和贸易壁垒。推动英国和欧洲标准化政策和原则的制定，利用政府的国际基础结构（大使馆、领事的贸易关系）增加英国的影响和转让技术。通过标准化发展贸易，为重点国家提供有目的的技术援助；通过知识和技术转让，增进这些国家与英国的关系。对欧洲和国际标准的制定及标准化结构和做法的确立施加影响，改善市场准入条件，减少对英国产品和服务的技术性贸易壁垒。

② 政府和 NSB 将共同合作，在对外政策、贸易政策和企业对话的指导下，为英国企业创造竞争优势。NSB 将与重点国家建立合作伙伴关系。英国政府将建立一个关系网络，通过标准化扩大英国的影响。

5. 革新目标

在经济中广泛促进革新，利用标准化的能力确定新技术、新工艺和新的工作方法，在管理知识产权革新的整个生命周期获得市场认可。

① 在新兴领域适当推行标准化，通过协调使用专利、特许权、标准和其他知识产权管理工具，将革新的商业利益最大化。推行标准化，为新技术、新工艺和新的工作方法的应用和商业化提供便利。

② 实施措施将确定优先项目，对英国的革新提出与标准有关的具体建议。政府将与 NSB 共同努力，制定政策和指导方针，给予企业帮助。

6. 意识和教育

树立标准化意识，了解标准化，培养有效使用标准的适当技能，在技术和科学基础上融入标准化。提高标准化意识，促进企业和政府将标准化作为战略工具，将标准化知识纳入提高企业技能基础的政策中，将标准化概念列入正式教育课程，确保将来的标准使用者、制定者、消费者对标准的适当理解。

二、英国标准机构

BSI 代表英国，是 ISO、IEC、CEN 和 CLC 所有高级管理委员会的常任成员，是国际标准化组织秘书处五大所在地之一。BSI 属于非营利机构，成本之外的盈余必须投资于业务的发展，不得用于分红；形成了公共事业和商务活动相互促进，以标准和与标准相关的业务（如测试、认证等）供给标准的自我循环、几乎不需政府投资的良性发展模式。可以说 BSI 的发展模式是通过测试、认证、标准技术信息服务等具有商业性质的活动收入再投资于标准研发，实现了自我滚动发展以及标准化体系的科学化、市场化和国际化。

BSI 共有 5 个业务部门，其中的英国标准部是 BSI 的核心业务机构。对内，它代表英国国家标准机构，通过与股东协作，制定标准和应用创新的标准化解决方案，满足公司和社会需求。对外，它在国际组织中代表英国，确保英国对研发欧洲和国际正式标准具有最大影响力。

BSI 承担的英国国家标准组织的职责包括：服务于公共政策利益，是英国经济基础结构的组成部分；兼顾工业、政府和消费者等各方的不同利益；促进英国国家标准、欧洲标准和国际标准的研发；提供延伸的非正式产品和服务；作为国际标准化、欧洲标准化的重要桥梁。

BSI 制定标准的业务领域并非包罗万象，主要专注于优势领域。其传统优势领域为：健康、电工、工程、材料、化学、消费品与服务、信息技术，同时在交通、建筑、风险业、环境可持续发展、电子商务、信息安全、质量管理等领域不断开拓。

BSI 的主要任务是：

① 编制和销售专用的、全国性和国际性标准和支持信息，用以推广和分享最佳实践，制定和贯彻统一的英国标准（BS 标准），根据 1982 年的政府“白皮书”和政府与 BSI 的《国家标准机构的谅解备忘录》（以下简称《谅解备忘录》），各部门在立法和贸易中要更多地采用 BS 标准；

② 开展产品质量合格认证和安全认证，“风筝”标志测试和认证，以及英国、欧洲和国际标准的 CE 标志认证，BSI 是 15 项欧盟新方法指令的申请受理机构；

③ 管理规范所有关键领域的第二方和第三方管理系统评估和认证，接受外国认证委托、按国外标准进行认证并颁发外国的认证证书和标志；

④ 积极参与国际标准化活动，争取 BSI 可以更多、更大地影响国际标准；

⑤ 对中小企业提供技术咨询；

⑥ 高风险、高复杂度的医疗设备认证；

⑦ 绩效管理软件解决方案；

⑧ 能够识别并缓解供应链风险的供应链安全解决方案；

⑨ 支持标准实施和业务最佳实践方面的培训服务。

BSI有工作人员1200余名，设标准部、测试部、质量保证部、市场部、公共事务部等业务部门。标准部是标准化工作的管理和协调机构。

BSI是ISO、IEC、CEN、欧洲电工标准化委员会（CENELEC）、欧洲电信标准学会（ETSI）创始成员之一，并在其中发挥着重要作用。按承担TC/SC秘书处数量和资助额计算，BSI在ISO中的贡献率为17%，仅次于DIN的19%，居第二位，在CEN/CENELEC中的贡献率为21%，居第三位。

三、英国标准化体系管理现状

（一）标准化体系

英国政府部门中并无庞大的从事标准化具体工作的机构。英国商业、创新和技能部（BIS）是标准化工作的政府主管部门，但其仅负责政策层面的管理，具体的标准管理职能由BSI承担。

（二）政策法规

1.《皇家宪章》

1929年，英国皇室向BSI授予《皇家宪章》，赋予了BSI在标准化活动中的法律地位、权利和义务。根据《皇家宪章》规定：BSI的宗旨是协调生产者与用户之间的关系，解决供与求矛盾，改进生产技术和原材料，实现标准化和简化，避免时间和材料的浪费；根据需要和可能，制修订英国标准，并促进其贯彻执行；以协会名义，对各种标志进行登记，并颁发许可证；必要时采取各种措施，保护协会的宗旨和利益。此后，与英国标准化相关的法规及规定皆围绕《皇家宪章》进行规范或细化。

2.《谅解备忘录》

1982 年，英国政府与 BSI 签署了关于认可 BSI 为《谅解备忘录》，确认了 BSI 的国家标准机构地位且保证其按照《皇家宪章》开展标准化活动。总的来说，《谅解备忘录》进一步明确规定了英国政府与 BSI 在标准化进程中的不同职责和权限，是《皇家宪章》的具体实施纲要，也是英国开展标准化活动最重要的法律文件。

（三）标准管理

BSI 统一负责英国自愿性标准的制定与管理，下设的标准部及 6 个专业理事会具体负责标准化工作。6 个专业理事会包括电工技术、自动化与信息技术、建筑与土木工程技术、化学与卫生技术、技术装备以及综合技术理事会。与 6 个专业理事会对应，标准部下设 6 个标准处，分别承担 6 个理事会的秘书处工作。

BSI 没有年度的标准制修订计划，而是根据社会团体或个人提出制定标准的要求，及时地作出响应。BSI 每年大约发布 2500 项标准，以协作和严格的方式确保了年度标准发布的数量。

英国标准制修订程序包括标准立项、标准起草、征求意见、标准评审、标准编号、标准发布和标准出版。

第三节　英国认证认可体系

一、英国认证体系

英国认证体系包括：BSI 认证、英国合格评定标志（UKCA）认证、英国电工认证局（BEAB）认证、短路检测联合会（ASTA）认证等。

（1）BSI 认证

BSI 是成立于 1901 年的非官方国家标准化团体，也是被 UKAS 认可的最大的质量认证机构之一。BSI 主要从事工业产品和体系认证。产品认证制度是英国首创的，英国也是世界上开展认证认可工作最早、较为普及和完备的国家。1903 年，钢轨上使用的“风筝”标志表明钢轨是按规定标准尺寸生产的。1919 年，英国《商标法》出台，认证有了第三方标准评定的含义。如今，“风筝”标志成为 BSI 特有的注册商标，使用者不限国别，使用这种标志表明企业的产品符合现行质量和安全标准，企业的生产线通过了 ISO 9000 质量管理体系标准（或等同的其他标准）的认证。

产品认证分为下列 6 个步骤：

① 申请。提交认证申请书，缴纳申请费。

② 评审。认证评审处派审核员对申请者按 BS 5750 要求进行工厂审查，审查结果作为制定监督管理计划的依据。

③ 检验。BSI 检验所对申请者的产品进行抽样测试，以确定其各项性能是否满足 BS 标准。

④ 签订监督管理计划。如果检验结果都符合要求，由监督检查处制定《工厂质量监督管理计划》，经申请人与 BSI 双方同意签字后，作为获证后必须遵守的文件。

⑤ 批准。由质量保证部呈报，质量保证理事会批准颁发认证证书和标志。BSI 的产品认证标志有两种，一种是合格认证标志，即“风筝”标志；另一种是安全标志。使用 BSI 认证标志的许可证和有效期为 1 年，每年更新 1 次。

⑥ 公告。BSI 把获证单位名称及产品名称刊登在其发行的《用户指南》刊物上，免费提供给全国各采购商。带有 BSI 认证标志的产品表明，该产品已通过 BSI 认证，符合有关 BS 标准，并在 BSI 监督之下生产，但如发生下列情况之一时，BSI 有权终止或撤销认证：认证产品质量发生变更或生产环境、质量管理条件发生变更；认证标志在非认证产品上使用；认证证书持有人非法使用认证标志；违反质量监督管理计划或不执行该计划规定；证书持有人将要破产或其产权发生变更。

BSI 体系认证包括企业质量保证能力认证（工厂评定和注册）、库存能力的评定和注册等。BSI 体系认证依据是采用等同 ISO 9000 系列标准的 BS 5750 及相关标准。为确保制造商持续稳定地生产合格产品，BSI 按照《工厂质量监督管理计划》对工厂实施证后监督检查，要求 BSI 证书的持有者负有执行认证的标准的基本义务，同时还要执行 BSI 批准的监督管理流程，为 BSI 检查员提供工作方便，确保能对工厂工艺、质量体系等进行查看。另外，制造商必须按照要求缴纳许可证年费、检查费、测试费等相关费用，每隔半年将证书交予 BSI 专派人员签字，在许可证书期满后必须立即停用认证标志和广告活动。

（2）UKCA 认证

UKCA 是属于英国本土的产品认证评估程序，按照英国产品安全法规要求在认可的机构和实验室进行评估测试合格后，签署英国产品符合性声明（DOC）的一种认证模式。自 2021 年 1 月 1 日起，该制度取代欧洲通用制度 CE 标志，将用于在英国大不列颠地区（Great Britain，简称“GB”，包括英格兰、威尔士和苏格兰，但不包括北爱尔兰）投放在市场的产品。英国脱离欧盟后，CE 认证不再作为英国市场的准入标志，采用 UKCA 认证作为英国市场产品强制准入标志。

UKCA 标志涵盖的具体产品领域包括：玩具安全、娱乐船具和个人船只、简易压力容器、电磁兼容器、非自动衡重仪器、测量仪器、升降机、无线电设备、压力设备、个人防护设备、燃气用具、机械、室外噪声、生态设计、气溶胶、低压电气设备以及限制有害物质。除此之外，还有一些特殊规则的产品也涵盖在 UKCA 标志内，包括：医疗设备、铁路互操作性设备、建筑产品以及民用炸药。

UKCA 标志在使用时应注意：大部分（但非全部）已纳入 CE 标志的产品，将纳入 UKCA 标志的范围；UKCA 标志的使用规则与当前 CE 标志的使用规则一致；如果英国不达成协议就脱离欧盟，英国政府将给予企业宽限时间以供调整；如果产品在 2019 年 3 月 29 日截止前已经完成生产和符合性评估，制造商仍然可以在限制期结束前使用 CE 标志在英国市场上销售产品；如果制造商产品计划由英国符合性评估机构执行第三方符合性评估，且未将资料移至欧盟认可机构，在 2019 年 3 月 29 日后，产品进入英国市场需要申请 UKCA 标志，UKCA 标志将不会在欧盟市场上得到认可。

（3）BEAB 认证

BEAB 认证是英国电器及电器设备安全质量认证标志。

BEAB 成立于 1960 年，是一个独立的国家级安全认可权威机构，可为家用电器及控制器等提供安全认证及其他服务。2004 年 1 月 1 日，BEAB 与 ASTA 合并成立了 ASTA BEAB 认证服务机构，成为英国最大的检测机构。

在欧洲，三洋（Sanyo）、美国通用电气公司（GE）、伊莱克斯（Electrolux）、夏普（Sharp）、惠而浦（Whirlpool）、松下（Panasonic）等各大世界知名企业为在市场上占有一席之地，均纷纷申请 BEAB 安全标志以示其产品的安全性。在我国，已经有很多企业为使自己的产品在英国市场上更有信誉、更具竞争力，便于产品顺利进入国际市场而申请了 BEAB 安全标志。

（4）ASTA 认证

ASTA 成立于 1938 年，可以为接电装置及部件等产品提供安全认证和服务。在英国，ASTA BEAB 认证服务机构是最大的电子产品认证机构，其认证市场占有率近 80%。ASTA 钻石标志是全球公认的安全标志，用于管理和电有关的产品，如开关和插头。ASTA 钻石标志符合 BS 1363标准规定在英国销售三脚插头的强制性要求，还有多个国家也在使用这个标志。ASTA 钻石标志满足《一般产品安全指令》的要求。ASTA 认证以严格的测试闻名，在电力传输、分配和安装等领域让全球的消费者、零售商、经销商等相关方感到放心。

二、英国认可体系

英国皇家认可委员会（UKAS）是英国政府承认的负责对某一组织的胜任能力进行评审和认可的国家专门机构。认可的范围包括测量、测试和检测机构以及质量体系、产品和人员的认证机构，这种认可提供了国际互认。

UKAS 的前身是英国国家实验室认可机构（NAMAS）和认可机构（NACCB），其分别从事各自的实验室和认证机构的认可。NAMAS 是由从事校准实验室认可的英国检定服务局（BCS）和从事测试实验室认可的国家测试实验室认可处（NATLAS）于1985年合并而成的。BCS早在1966年就从事校准实验室认可，NATLAS于1981年开始测试实验室认可。1985年8月1日在英国政府协调下，NAMAS和NACCB合并，英国贸易工业部批准正式成立UKAS。

UKAS属政府支持的私营机构，公司对外开展有偿服务，但不以营利为目的。它由会员而不是股东组成，这些会员代表国家与地方政府、工业与商业生产者、消费者、用户和质量管理者。UKAS设有董事会，由执行委员和非执行委员两部分组成。

UKAS和政府签署了《谅解备忘录》，因此UKAS是唯一代表英国开展合格评定的认可机构，可代表英国参与国际双多边合作活动。UKAS已签署了多项国际协议，以确保UKAS的认可结果得到国际上的承认，最终达到降低贸易壁垒的目的。UKAS是EA、ILAC和IAF的主席会员，它同EA签署了互认协议，并接受依照国际标准进行的常规同行评审以使该互认协议不断得到保持。UKAS主要业务是产品认证、体系认证机构认可、实验室认可、人员培训、环境认证和环境管理认证等。UKAS认可的实验室分3类，即校准实验室（从事量值传递与校准的）、测试实验室（开展非标准测试）、检验实验室（按标准要求测试）。

UKAS在大多数行业开展业务，包括科学和技术活动，也包括管理系统。UKAS内部组织包括：①电气、物理和热；②成像；③环境；④工程检查；⑤建筑材料和机械；⑥食品、农业和生物科学；⑦工业化学；⑧产品、人员和管理体系（包括质量管理）。

第四节　英国国家质量基础设施建设的经验与启示

英国质量监管体系是以质量监管机构为政府监管产品质量的主体，监管机构相对精简并能有效运行。主要法律从保护消费者人身与财产安全的角度进行立法，从行业或产品角度制定严格、细致的技术法规。完备的自愿性标准化体系、质量认证体系和检验检测体系作为主要监管技术体系。通过对英国质量监管体制分析，可以发现其产品质量监管具有系统性。英国质量监管的主要经验值得借鉴。

（1）明确监管机构职能，促进监管资源的优化配置

英国产品质量监管机构分工明确，各司其职，共同监管产品质量，保护消费者合法权益。我国需要梳理和明确各监管机构职能，清晰界定产品质量监管部门的权责分工，优化配置监管资源，形成长效合作的产品全流程监管模式。

（2）加强 NMS 的规划建设

NMS 的建立，其目的是为科技、贸易、经济和政府法制管理提供世界领先的计量科学技术和可溯源的测量标准，保证计量的有效性、适用性、一致性和国际互认。英国十分重视 NMS 的研究和建立，DTI 设立了 NMS 政策机构，制定了 NMS 的项目规划，并有专人负责项目的组织实施和监督检查，提供了相应的经费支持。希望我国能加强 NMS 的规划建设，在支持中国计量科学研究院完善国家计量基标准化体系和科技条件平台建设的同时，也重视省级及大区级计量技术机构计量基标准建设，形成完善的量值传递体系，并注重计量方法的研究。

(3) 加强标准化体系建设，推动标准与市场需求接轨

英国以严格、细致的技术法规和自愿性标准作为重要执法依据，力求最大限度提高产品质量监管的严谨性。我国需要加强标准化体系建设，从行业或产品安全角度出发，梳理现有的强制性标准，注重发挥强制性标准保护消费者人身与财产安全的作用；积极培育和发展团体标准，建立健全团体标准管理制度，鼓励各方组织参与到团体标准的研制过程中，形成适用于市场和创新需要的自愿性标准化体系。

(4) 完善检测体系构成，形成检测市场的自由竞争

目前我国正在积极推进事业单位型检验检测机构的改企工作，需要借鉴英国检测实验室与民营质检集团的配套结合机制，鼓励不同性质的检测机构平等参与市场竞争，建立政府监管与第三方检测机构配合的检验检测体系，并在此基础上，清晰界定各类检测机构的功能定位，整合优势资源，培育具有国际竞争力的检验检测品牌，逐步形成检测市场的自由竞争。

从英国 NQI 的建设经验可以得出如下启示：

① 借鉴国外机构管理经验，加快我国计量、检验检测等技术机构的改革。英国 NPL 采取政府所有、合同管理的运行模式，由政府实行宏观政策控制，整个机构实行商业化运营。政府通过与私营机构签订委托管理合同，成为 NPL 的最大投资者，对 NPL 的活动有最大的发言权，决定 NPL 发展的方针和科学研究的方向等。通过实践表明，上述管理模式有效地提高了国有资产的运营效能。应根据我国国情，尽快研究制定计量技术机构改革的指导原则，整合计量资源，减少机构运营成本，提高工作效率。

② 加快《中华人民共和国计量法》的全面修订步伐。我国计量法是在计划经济体制下出台的，经过多年的发展，原有的计量法调整范围已不能满足新形势的需要。无论是英国，还是欧洲其他国家，计

量法的调整范围都包含了对商品量的监管。因此《中华人民共和国计量法》的修订，对于促进我国法制计量工作的规范化和国际接轨意义重大。

③ 积极参与国际标准的制修订。随着经济贸易的全球化趋势，关税壁垒正在逐步取消，但技术性贸易壁垒有不断扩大、不断提高的趋势，条件越来越苛刻，要求越来越严格。谁掌握了制定国际标准的主动权，谁就掌握了技术贸易措施主动权。只有积极参与国际标准的制修订，在遵守 WTO/TBT 协定，符合透明度原则、科学原则，以国际标准为基础原则和相互认可原则的前提下，充分代表我国生产企业、管理机构发表意见和建议，才能有利于我国经济贸易的健康发展。

第五章

CHAPTER 5

日本国家质量基础设施建设的经验

日本NQI是政府主导、民间参与的自上而下的管理体系。其中，日本计量体系相对独立，它是在《计量法》的基础上由日本国家计量研究所（NMIJ）、日本电子技术综合研究所（ETL）等国家级计量技术机构为主导建立起的一套完整的计量体系。而标准化与合格评定的关系略有交叉，两者都是以《工业标准化法》为基础，日本工业标准委员会（JISC）是标准化与合格评定的主导机构，日本标准化协会（JSA）是日本标准化与合格评定领域重要的民间机构。

第一节　日本计量体系

一、日本计量体系的主要机构和运行机制

日本最早的计量技术机构——国家测试实验室和中央度量衡检定所，分别始建于1891年和1903年，它们分别是现在的NMIJ和ETL的前身。日本1891年制定并颁布的《度量衡法》，就是靠早期计量技术机构在全国贯彻实施的。随着日本经济和科技的发展，其计量技术机构也随之不断发展壮大并日臻完善。目前，日本已建立起一套较为完

整的计量技术机构服务体系，以支撑现行《计量法》的贯彻实施，服务于全日本的量值溯源，日本计量技术机构框架图见图 5-1。目前，日本有 4 个国家级计量技术机构，1 个技术评价机构，4 个由经济产业省指定的检定、校准机构。其各机构主要职能如下：

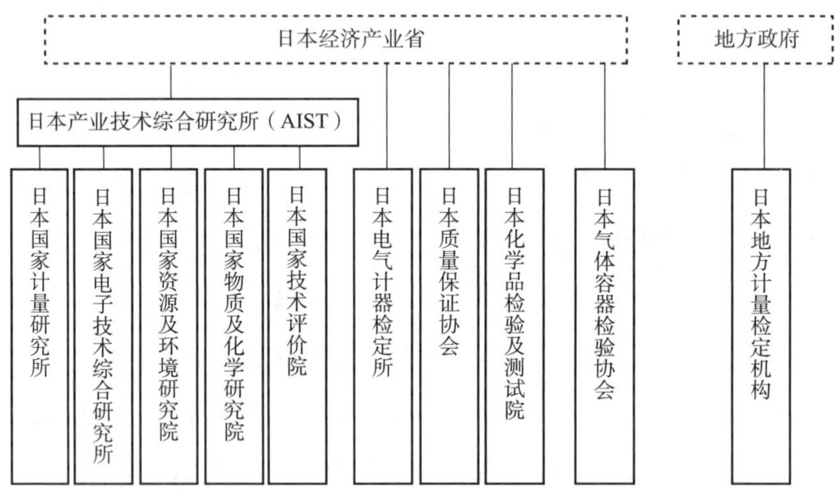

图 5-1　日本计量技术机构框架图

（1）日本国家计量研究所（NMIJ）

计量技术管理，检定标准（长度、质量、容积等）的检验，计量器具的型式批准试验及其检定，国家计量标准的建立以及规定计量标准的校准等。

（2）日本国家电子技术综合研究所（ETL）

检定标准（声级计）的检验，照度计、声级计等仪表的型式批准试验及其检定，国家计量标准的建立，规定计量标准的校准。该所现保存电压、电阻、辐射、超声等国家标准。

（3）日本国家资源及环境研究院（NIRE）

检定标准的检验，热量计的检定，国家计量标准的建立以及规定计量标准的校准等。

（4）日本国家物质及化学研究院（NIMCR）

标准气体及标准液体的技术管理，国家计量标准的建立以及规定标准物质的校准等。

（5）日本国家技术评价院（NITE）

受理被认可企业提供计量标准的申请、文件审查及现场检查，受理计量仪器指定制造商的申请及现场检查，执行计量认可业务（密度）的现场检查以及保存计量标准材料等。

（6）日本电气计器检定所（JEMIC）

电子计量仪器的检定及型式批准试验，电子计量仪器转换器的检验，指定电子计量仪器制造商的检查，检定标准的检验以及规定计量标准的校准。保存温度、电压、电阻、电流、光学等部分国家标准。

（7）日本质量保证协会（JQA）

密度计、声级计、振动仪表、放射式热量计的检定及参考计量标准的校准。保存长度、声学、RF 电压、激光、电磁等部分国家标准等。

（8）日本化学品检验及测试院（CITI）

标准气体及标准液体的管理，规定标准物质的校准等。

（9）日本气体容器检验协会（JGAIA）

热量计的检定及型式批准试验等。

（10）日本地方计量检定机构

日本地方计量检定机构属各地方政府直接管理，其主要职能是，为地方政府贯彻实施《计量法》提供技术保证，为地方经济和文化发展提供服务。

二、日本计量体系行政管理体制

1. 历史沿革

1875 年，日本建立了度量衡制度。1885 年，加入了《米制公约》，并于 1889 年参加了第一届国际计量大会。1891 年，日本制定并颁布了《度量衡法》，这是日本历史上第一部关于计量的法规。1903 年，创建了中央度量衡检定所（东京），并先后设置了大阪、福冈、名古屋等分所，该所便是目前日本经济产业省工业技术院的前身。1921 年，日本开始采用“米制”。1951 年，正式制定并颁布了日本《计量法》。1956 年，参加了第一届国际法制计量组织会议。1961 年，正式加入 OIML。1967 年，日本开始推行并实施计量器具型式批准制度。1992 年，对 1951 年颁布的《计量法》进行全面修订。1993 年 11 月 1 日正式颁布实施了修订后的《计量法》。至此，日本计量工作进入了一个新的发展时期。

2. 现行体制

根据日本《计量法》第 148 条规定，日本经济产业省以及都、道、府、县等各级政府首脑可以根据需要，对各地贯彻执行《计量法》的情况进行监督检查，包括对指定的检定、检验机构，认可的校准实验室，指定的计量仪器制造商以及工厂、车间等贯彻实施《计量法》的情况进行监督检查。

日本现行的计量行政管理体制基本实行的是各级政府行政首脑负责制，日本计量行政管理结构见图 5-2。日本最高计量行政管理部门——日本经济产业省（计量办公室），隶属日本政府内阁领导，其主要职能是：监督管理国家计量标准，指定计量仪器检定机构及检定标准检验机构，指定校准机构，指定计量仪器制造商，指定特别计量管理业务点，执行国家考核，受理计量器具型式批准和法制计量器具制造、修理、销售企业登记，组织修订《计量法》以及指定和协调各地计量检定工作等。经济产业省还在全日本的47个都、道、府、县设置了地方计量服务办公室，其主要职能是：受理计量仪器制造、修理及销售业务公告，计量认可业务注册，检定标准的检验，衡器等计量仪器的检定及周期检验，商品法定含量的监督以及部分计量业务点的指定等。在部分规定的城市也设置了计量服务办公室，其主要职能是：周期检验及商品法定含量的监督等。此外，还设置了计量管理委员会，其主要职能是：研究并答复由经济产业省首脑就有关重要计量问题的提问，或向其提出建议，作为经济产业省首脑决策的依据。

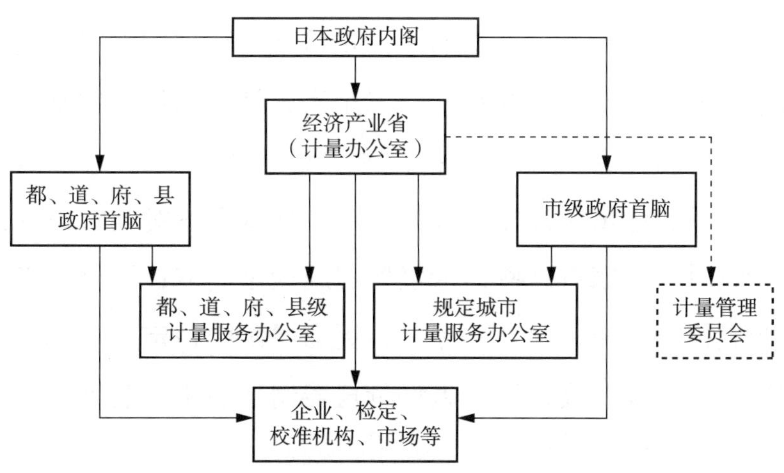

图5-2　日本计量行政管理结构

三、日本计量相关法律法规

日本早在1891年就制定了《度量衡法》，以此规范日本计量行为。1951年，又正式制定并颁布了日本现行《计量法》。但是，随着日本经济和科学技术的迅速发展，这部法规已不能适应日本经济和文化发展的需要，在经过几次局部调整后，最终于1992年作了彻底修改，并于1993年11月1日正式颁布实施。

新颁布的《计量法》共计10章179条。其主要内容涉及：①关于计量立法的目的；②关于计量单位；③关于实施规范计量；④关于提供准确的指定的计量仪器；⑤关于计量检定；⑥关于计量认证业务；⑦关于计量师、计量业务点的管理；⑧关于计量仪器的校准；⑨关于其他规定；⑩关于惩罚规则。

此次《计量法》的修改，在以下3个方面有了重要突破：一是统一计量单位。20世纪末，在交易或计量认证中使用的法定计量单位应与国际单位制（SI）单位相统一。二是实施计量仪器法制管理。具体内容有：①明确规定18类计量仪器为“指定计量仪器”，当这些计量仪器用于贸易、计量认证以及人们生活，且有要求对其结构及仪器误差进行检查时，国家对这些计量仪器实施检定制度；②对检定这些仪器所用计量标准实施检验（实际上是更高层次的检定）制度；③实施计量仪器型式批准制度；④实施计量仪器制造商指定制度。三是建立新的溯源系统。建立各级计量标准的溯源制度。

此外，日本政府还发布了关于《计量仪器型式批准目录》以及《指定计量仪器检定与检验规则》等一系列与《计量法》相配套的规章。

第二节　日本标准化体系

一、日本标准化主要机构和运行机制

1. 官方机构

JISC 是日本 NQI 体系中最重要的官方机构，设在日本经济产业省下。它除了对法律赋予权限的事项进行调查审议外，还可促进工业标准化的发展、答复解释相关大臣的咨询，以及为相关大臣提供建议。JISC 必须按照主管大臣所颁布省令中规定的公正程序审议工业标准方案，并将结果报告主管大臣。主管大臣审议现有的工业标准是否还适用、是否需要修改和废止，并必须在该标准制定、重新确认或者修改后的 5 年内，交付 JISC 审议，以决定是否继续加以确认，或者必要时加以修改甚至予以废止。

JISC 由 30 名以内的委员组成，这些委员由相关大臣从有学识经验者中推荐，由经济产业大臣任命。委员的任期为两年，如有特殊原因时，并不妨碍在其任期内解任。如有必要对特别事项进行调查审议时，可设临时委员。在 JISC 可设专门委员，专门委员接受会长的命令，调查专门事项，专门委员由会长提出申请，经济产业大臣任命。

随着政府机构的重组，2001 年 1 月起，JISC 秘书处也从原工业技术院变更为经济产业省产业技术环境局（以下简称环境局）。环境局全面负责 JISC 的日常工作，是具体制定日本工业标准化方针、计划和落实计划的管理机构。环境局下设标准认证政策处、标准处和认证处，具体负责标准化工作。在第 25 次大会（2016 年 3 月 18 日）中，为了与 ISO、IEC 各自领域的国内外的标准化及适应性评价相对应，从而强化政策的规划立案审议，JISC 对组织机构进行了调整。JISC 组织架构图见图 5-3。

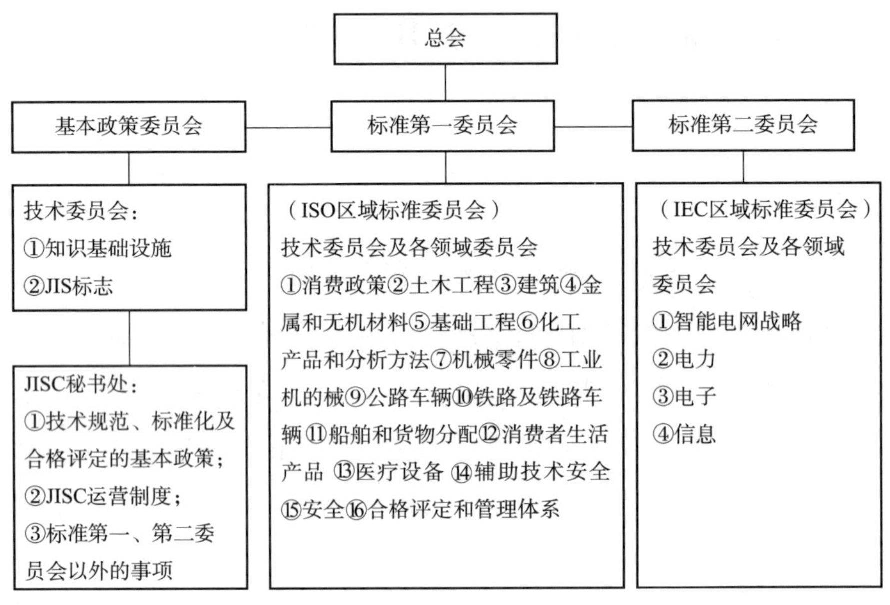

图 5-3 JISC 组织架构图

（1）总会

总会由 30 名委员（30 名以内）组成，是 JISC 的最高决议机关。主要任务是就产业政策、技术政策、贸易政策等与标准化有关问题进行研究，制定综合发展规划。同时，总会负责具体制定 JISC 的审议程序、运作规程等，另外，作为 JISC 的组织构成，总会下设立了“基本政策委员会”“标准第一委员会”及“标准第二委员会”，各委员会下设立了进行各领域讨论的“专门委员会”。

（2）基本政策委员会

基本政策委员会由委员、临时委员和专门委员组成，审议有关标准化和合格评定的基本政策和运营制度的基本方针，以及不属于标准第一委员会或者标准第二委员会的所属事项。

（3）标准第一委员会

标准第一委员会由委员、临时委员及专门委员组成，针对 ISO 相关领域［第 1 联合技术委员会（JTC1）、第 2 联合技术委员会（JTC2）领域除外］，制定、修订该领域所对应的日本工业标准（JIS），审议和实施对应的 JIS 标志制度、认定、认证制度、国际相互认可等合适性评价。

（4）标准第二委员会

标准第二委员会由委员、临时委员及专门委员组成，针对 IEC 相关领域（包括 JTC1、JTC2 领域），制定、修订该领域所对应的日本工业标准（JIS），审议和实施对应的 JIS 标志制度、认定、认证制度、国际相互认可等合适性评价。

2. 民间机构

（1）日本标准化协会（JSA）

JSA 是于 1945 年 12 月由日本航空技术协会和日本效率协会合并，并经商工大臣认可成立的民间财团法人机构。1949 年，《工业标准化法》颁布，JSA 开始以法律为依据开展标准化工作。

JSA 设会长和理事长各 1 人，常务理事 5 人，非常务理事 11 人。协会下设 8 个部：总务部、经理部、计划调整部、技术部、编辑制作部、普及事业部、教育研修部、审核注册事业部；2 个中心：情报技术标准化研究中心、质量体系审核员评价注册中心；1 个秘书处：IEC 活动推进秘书处；7 个分部：札幌、东北、名古屋、关西、广岛、四国和福冈分部。

JSA的主要业务有以下方面：第一，标准的调查、研究、开发工作。标准化工作的调研，管理技术的研究，制定制图、公差、SI单位、质量管理等基础性JIS草案以及信息技术标准化工作。第二，信息化工作。JIS信息数据库的建立及维护管理，国际标准审议文件的电子化，JIS开发过程的电子化，WTO/TBT协定团体标准的通报业务。第三，教育研修工作。举办以质量管理为中心的讲座、研讨会；为发展中国家提供工业标准化和质量管理的技术合作；为JIS标志认可工厂培养标准化和质量管理推进负责人；针对JIS标志认可的申请，提供质量管理和企业标准化咨询；为企业质量体系和环境管理体系的建立、推进提供教育培训及技术指导；举行全国、地方标准化和质量管理大会；对标准化的发展、普及有显著贡献的文献，授予JSA标准化文献奖；接受发展中国家质量管理和标准化方面的研修生，及与国外进行技术合作等。第四，JIS的宣传普及工作。JIS及英译JIS的发行，标准化和质量管理专著及期刊的编辑出版，以及海外标准数据库的建立等。第五，国际标准化合作工作。对参加ISO、IEC等国际会议的团体组织提供经费补助，支持ISO、IEC等国际组织工作，并参加ISO理事会、技术管理局（TMB）、情报服务委员会（INFCO）、消费者政策委员会（COPOLCO）等委员会及IEC的活动；关注WTO/TBT及欧美标准、国际标准认证制度动向，并协助调查工作。第六，审核注册工作。承担质量体系、环境管理体系审核注册和质量体系审核员评价注册工作。第七，JIS标志认可工作。作为JIS指定认可机构和指定检查机构，从事JIS标志的认可工作，并承担产品的公示检查工作。

（2）农林产品标准调查会

农林省的农林产品标准调查会是日本的农林产品标准化管理机构，负责组织制定、审议和调查日本农林标准（JAS）和标准的普及宣传工作。农林产品标准调查会也是农林省大臣在JAS方面的咨询机构。它的主要工作是反映与JAS有直接利害关系的各方面的意见、要求，并纳入JAS中。

（3）其他行业的标准化组织

各行业组织的协会、学会、工业会等民间团体，负责制定本行业内需要统一的标准和承担JIS的研究起草任务。日本现有制定标准的民间团体196个，共制定标准5285项。在这些团体中，有的设有专门的标准化机构，有的直接由技术部门负责标准化工作，如日本电子机械工业会、日本汽车技术会、日本电机工业会、日本电线工业会、日本石油协会、日本产品安全协会等。日本民间开展的JIS制修订数量远超政府，日本政府与民间开展的JIS制修订数量与比例见表5-1。

表5-1 日本政府与民间开展的JIS制修订数量与比例

财年	政府制修订	民间制修订
2018	63（11%）	496（89%）
2017	57（11%）	441（89%）
2016	42（8%）	475（92%）
2015	58（11%）	476（89%）
2014	59（12%）	442（88%）
2013	23（4%）	524（96%）
2012	33（6%）	529（94%）
2011	40（7%）	555（93%）
2010	82（12%）	590（88%）
2009	94（17%）	465（83%）
2008	75（13%）	507（87%）

二、日本标准化体制和机制

1. 日本标准化制度的发展变化

从战后的一片废墟，到后来的世界第二大经济实体，日本创造了一个经济奇迹。在这个经济奇迹的背后，是与日本完善的法律体系、高效的行政管理体制、独特的官民关系等分不开的。在这期间，日本的标准化制度经历了一个不断调整和完善，以适应世界经济形势和国际贸易发展变化的过程。这种变化以日本在平成9年（即1997年）对其《工业标准化法》修改作为分水岭。

（1）1997年日本《工业标准化法》修改前后的变化

①《工业标准化法》修改前，根据日本《工业标准化法》第11条，JIS的制定，是由各主管大臣自行制定标准方案，再交由JISC审议。

②《工业标准化法》修改后，除上述路径外，根据日本《工业标准化法》第12条，相关利害关系人或民间团体可根据主管省厅的规定，以草案形式，将应制定的工业标准向主管大臣提出申请。当主管大臣认为应制定与该申请有关的工业标准时，须将该工业标准方案交付JISC讨论，认为没有制定必要时，须将相关理由通知申请人，并且在通知时，须预先征求JISC的意见。

（2）民间力量在日本标准化制度中不断增强

截至2000年，以民间标准方案作为JISC的提案已占到全部提案的80%以上。目前这种由民间主导标准方案制定的体制还在进一步推进中。

从JAS来看，在制定程序上，也经历了由日本农林水产大臣自行制定和颁行 JAS，企业被动接受的单行道，到日本农林水产大臣制定 JAS，以及根据《关于农林物资标准化和品质的正确标识相关的法律》第 8 条，都道府县或利害关系人按照农林水产省令规定的程序，可以确定农林产品的种类并准备好方案，向农林水产大臣提出应制定的 JAS 双轨运行这样一个变化。但与《工业标准化法》制定之初就规定 JIS 的审议权归属 JISC 不同，最初 JAS 的制定、审议和颁行的权限全部属于日本农林水产省。直到平成 12 年（2000 年）日本内阁颁布了《农林产品标准调查会令》，成立了农林产品标准调查会。根据现行《关于农林产品标准化和品质的正确标识相关的法律》，JAS 方案必须预先经过农林产品标准调查会的审议通过。因此现在的 JAS 的制定、确认、修改和废止程序与 JIS 类似，只不过审议机关变成了农林产品标准调查会。

2. 日本标准化管理体制

根据日本现行行政管理体制，日本的原经济产业省负责全面的工业标准化的法规制定、修改、颁布及有关的行政管理工作，具体工作由 JISC 执行，其他各行政管理省厅负责本行业技术标准的制定。由于日本政府机构历经多次调整和精简，使得不同时期政府机构的名称和其管辖的范围也不同。从 JIS 和 JAS 的管辖来看，《关于农林产品标准化和品质的正确标识相关的法律》中 JAS 的主管大臣是农林水产大臣，而根据日本《工业标准化法》第 69 条第 1 款的 1、2、3、4 项和第 2 款的规定，对于不同领域的 JIS，分别由总务大臣、文部科学大臣、厚生劳动大臣、农林水产大臣、经济产业大臣、国土交通大臣和环境大臣等主管大臣管辖。

在确定了上述工业标准主管大臣的情况下，根据日本《工业标准化施行规则》第 1 条第 1 款、第 2 款，各主管大臣在根据日本《工业标准化法》行使规定的权限时，在涉及其他大臣权限范围或与其他大臣职责交叉重合时，主管大臣必须与这些大臣进行协商。因此从管理体制来看，其采取的是根据职能不同，各主管大臣分工负责的模式，在涉及职能交叉或重合时，相关主管大臣采取协商的方式进行处理。

三、日本标准化战略和政策

1. 日本国际标准综合战略——举国体制参与国际标准化竞争

在日本经济短暂复苏和标准国际化多元化的大背景下，为了务实有效地推动知识产权和标准化工作，日本于2003年3月在内阁府设置了“知识产权战略总部”，总部长由当时的首相小泉纯一郎担任。当时，日本知识产权战略总部在专利与著作权等知识产权要素之余，还将与提升日本产业竞争力息息相关的国际标准化水平作为重点任务，着重强调了国际标准化的重要性。之后，延续这一思路，2006年，日本经知识产权战略总部的审议，最终拟定了国际标准综合战略，成为日本国际标准化发展的纲领性、战略性文件。战略发布后历经4次修订。

国际标准综合战略分析了制定日本国际标准综合战略的紧迫性，明确了2007—2015年日本的国际标准综合战略思想、战略目标和战略措施。国际标准综合战略的目标为：2015年实现标准化水平与欧美诸国比肩，推进国际标准化战略，实现国际标准提案数倍增、承担秘书处数量赶上欧美。国际标准综合战略在2001年制定的日本“标准化战略”基础上，将其中的27个标准化战略重点领域扩增到28个，新增领域对应ISO技术管理委员会（TMBG）社会责任、ISO/TC 262风险管理、ISO/TC 223社会安全和ISO/TC 250事件持久性管理体系的工作。

28 个重点领域明确指向对应 ISO/IEC 的技术委员会及分技术委员会工作，明确了日本需重点参与技术委员会的国际标准化工作的现状及下一步发展战略，并对日本在国际标准化组织中的工作及担任秘书长情况进行了整理。此外，国际标准综合战略还强调了企业作为国际标准化的主体地位；在以强化产品竞争力为目的的标准化活动中，产业界应该作为先锋，而政府则主要负责对民间活动的支援、人才培养、公共福祉领域标准化的实施等工作。

为了实现赶超欧美诸国的目标，国际标准综合战略提出了数项具体举措。一是从企业管理层抓起，提升标准化意识；二是对国际标准化工作进行重点支持；三是培养高素质、国际化的标准化专家；四是在亚太区域采取结盟战略对抗欧美诸国；五是加速应对各国不断出现的贸易壁垒和技术法规。

日本国际标准综合战略体现了日本对于国际标准化工作的紧迫感。这种紧迫感也促使日本形成了举国体制，首相带头将标准化战略融入顶层设计，促进日本国际标准话语权的迅速提升，最终实现了日本在国际标准化领域从跟跑到并跑的位置转换。此外，日本国际标准综合战略也直接带来了日本高效的国际标准化合作，通过策略性的结盟构建利益共同体，联美抗欧、联亚抗欧，逐渐打破了欧洲在 ISO、IEC 一家独大的局面，取得了一系列具有参考性的国际标准化成绩。

2. 标准化官民战略——构建官民协作体制

日本国际标准综合战略经过数年的发展，日本国际标准化地位得到了较大提升，但民间参与国际标准化工作的能力与水平仍有待提高。为了构建以民间为主体，官民融合型标准化工作机制，经济产业省 2014 年 5 月 15 日举办了标准化官民战略会议，将标准化工作的官民合作提升到战略高度，并将官民合作的标准化方针以标准化官民战略的形式进行了公开，着重强调了中小企业在标准化工作中的地位与意义，该战略也是日本目前制定的最新的标准化战略。

标准化官民战略提出了以下 4 点：

① 构建官民协作机制，旨在全面提升企业参与标准化的积极性与参与水平。通过新市场创造型标准化制度为企业标准化提质增效，能够保证日本企业的尖端技术迅速制定 JIS、IEC、ISO 等标准；建立完善企业的标准化管理机制，鼓励企业设置最高标准化责任人制度，能够保证企业战略性地推进标准化工作；对中小企业的标准化及认证活动进行支持，能够提升企业的积极性与标准化水平；强化标准化人才的培养，在大学中导入标准化课程，在企业中导入相关短期和长期培训，同时从基层标准化人才中选拔具有国际化视野和较好标准化素质的年轻人才参与国际标准化工作，能够为日本标准化工作长链条输送血液。

② 提高日本认证体系的国际适用性。日本政府从国内企业开拓国外市场的观点出发，在具有战略意义的重点领域，有计划地扩大日本国内的认证及试验结果的应用范围，让日本国内的认证和试验结果能够逐渐达到与国际知名认证相同的公信力。战略中提到需加速对接国际认证体系的重点领域分别是生活辅助机器人、控制系统安全性、LED 照明器械、再生医疗等。

③ 强化与亚洲各国的标准化合作。日本迎合国际的节能趋势，积极参与亚洲各国的标准制定和认证体系的构建，让日本标准符合东南亚国家的市场准入要求，迅速抢占东南亚市场。近年来，日本已经与越南、印度尼西亚和泰国等国家签订双边标准化合作协议，以参与新兴国家的标准制定、各国标准化的协调和认证体系的构建，确保日本产品的优势得以发挥。日本与我国的标准化合作领域主要在太阳能电池、绿色建材、生物二甲醚、LED 照明器械、人工关节、生体认证、小型卫星及涡轮等。同时，日本和东盟诸国及韩国也有很多标准化合

作工作，并在节能电冰箱、节能空调耗电量的评价方法及绿色建材的评价方法等领域取得了很好的标准化合作成果。

④ 构筑该战略的跟进体制。主要是在标准化官民战略会议的基础上，设置由政府及民间团体代表组成的秘书处，监督战略的实施情况。2015 年 9 月，经济产业省还提出了“推进中小企业研发与标准化的一体化”的工作方针，意图在技术研发初期导入标准化思路，进而迅速掌握尖端技术领域的国际标准话语权。

四、日本标准化法律法规

1. 法律体系

日本的标准化法律体系主要包括以下两部分，一部分是于 1949 年通过，其后经过多次修订的《工业标准化法》及与之配套的如《工业标准化法施行规则》等一系列省令和政令。另一部分是于 1950 年通过，同样经历多次修订的《关于农林产品标准化和品质的正确标识相关的法律》及与之配套的《关于农林产品标准化和品质的正确标识的法律施行令》《农林产品标准调查会令》《关于农林产品标准化和品质正确标识的法律施行规则》等一系列的省令和政令。

2. 主要内容

（1）《工业标准化法》内容简介

日本《工业标准化法》的目的是希望通过制定和普及适当且合理的工业标准来促进工业标准化，以期改善工矿产品的品质，提高生产效率，促进其他产品生产的合理化、交易的简便化以及使用和消费的合理化，并以此增进公共福利。

日本的工业标准按其性质进行分类，可分为基本标准、方法标准和产品标准 3 类。日本的《工业标准化法》的主要内容由两部分构成，一部分就是 JIS 的制定，另一部分就是 JIS 的合格评定制度。根据《工业标准化法》制定的 JIS 就是日本的国家标准。JIS 的合格评定制度又包括两部分，一部分是 JIS 标志的标识制度，它是由主管大臣从制定的 JIS 中挑选出认为对保护普通消费者利益、保证安全卫生、防止公害和灾害发生有明显效果的产品标准或者加工技术，指定其作为 JIS 标志标识制度的对象。当这些产品经过一定程序认为符合 JIS 规定的各个要件，作为一种证明，可以在其产品或包装上使用 JIS 标志进行标识。在经认定证明其产品符合 JIS 的同时，对其产品质量也是一种保证。另一部分是日本国家实验室认可体系（JNLA），其对象是 JIS 标志标识制度对象以外的工矿产品，当这些产品的生产和经营者想要标识自己的产品符合 JIS 时，为了提高这些企业，特别是中小企业、海外企业的可信性，可以由具备按照 JIS 规定的测试方法且具有一定能力的机构进行认定。JNLA 由日本经济产业大臣来认定，经认定的机构在经认定的测试方法范围内，可以发行带有特别标志的测试成绩表，即证明书。

（2）《关于农林产品标准化和品质的正确标识相关的法律》内容简介

《关于农林产品标准化和品质的正确标识相关的法律》的目的是期望通过制定恰当、合理的农林产品标准并加以普及，在改善农林产品的品质、促进生产的合理化、交易的便捷以及使用和消费的合理化的同时，促进公共福利的提高。其内容主要由两部分组成：一部分是农林水产大臣制定的 JAS 及根据 JAS 对检查合格的产品加贴 JAS 标志的“JAS 标识制度”；另一部分是为了便于普通消费者进行选择，所有的制造业者和销售业者，都有义务按照农林水产大臣制定的质量标识标准进行产品标识的质量标识标准制度。

JAS 分成两种类型，一是制定的与产品品质、成分、性能有关的标准；二是制定的有关生产方法的标准。其中，有关生产方法的标准指使用特别的生产和制造方法，和特殊原材料的产品标准，称为“特定JAS”。

第三节　日本认证认可体系

一、日本认证认可制度

日本先有产品认证，后有体系认证，其产品认证是依据国家法律开展的。1950 年，日本依据《工业标准化法》实行产品认证工作，并做了认证范围的分工：经济产业省标准部主管工矿产品及工业制品的认证；运输省的船舶局和铁道监督局分别主管船和铁道运输设备的认证；卫生省医药事务局主管卫生安全设备的认证。上述机构再授权一些经审定的检验机构，如经济产业省、工业技术院等从事产品认证中的产品检验工作。20 世纪 90 年代初，日本决定在工业标准委员会成立认证机构。

日本的产品认证制度分为强制型和自愿型两类，《日本电气用品安全法》确立了日本产品安全标志（PSE）强制性认证制度，PSE 认证是日本电气用品的强制性市场准入制度，该制度由经济产业省主管，负责调整 PSE 认证目录、指定合格评定机构从事 PSE 认证。2011 年 7 月，《日本电气用品安全法》规定所有制造商、经销商必须在相关产品上标注 PSE 标志。只要是生产强制性认证产品的企业，就必须按照要求向经济产业省提交认证申请，并必须由经济产业省批准的检测认证机构进行测试。日本强制性认证范围主要是危险系数高的产品，例如，电器产品、燃气用具和液化石油气器具等，目前共 8 类 165 种产品。《日本电气用品安全法》将电气用品分为特定电气用品和非特定电气用品。特定电气用品必须由经济产业省授权的第三方认证机构进行认证，取得认证合格证书，加贴菱形的 PSE 标志，才能进入日本市场。非特定电气用品，可以自我检测或第三方认证机构委托检测的方式证明符合要求，保存测试结果和证据，需加贴圆形的 PSE 标志，并向日本政府申报，才能进入日本市场。自愿性认证方面，由经济产业省发布 JIS 等认证产品目录，目前共有 1200 多种产品被指定实行 JIS 认证。日本的体系认证起步较晚，但发展较快，很多日本企业除了接受 JIS 认可的体系认证机构的认证外，还接受英国、德国、挪威等国家的认证机构的认证审核和注册。

日本认证行业的发展正朝着市场化推动的方向发展，政府正在从标准认证主导者角色转变为与私营、民间机构协力，在市场监督中扮演监督者的角色。近年来政府标准制定日益受到指责和否定，日本的标准体制正发生变化，即民间行业协会和企业开始发挥积极作用。日本企业由于技术实力强，而且又严于管理，自己制定的企业标准往往在技术方面高于国家标准。

在监管方面，日本政府高度重视对认证机构的管理，日本一些大型认证机构的中高级领导或主要负责人均由日本政府直接派驻监督。政府在对认证机构进行监管的同时，还对获证企业实施监管，对违反规定的商品责令停止销售。《工业标准化法》规定了对认证产品定期提交质量报告，民间监视员指控、抽检来监督评价产品获证后的情况等监督措施。该法也对产品认证过程中一些违法行为作出了规定，包括有：

① 未经许可，盗用 JIS 标志或使用易与 JIS 标志混淆的标志，因故已被中止销售认证产品或被撤销认证许可，但继续销售带有 JIS 标志的产品时，处以 1 年以下有期徒刑或 50 万日元以下罚款；

② 制造商拒不提交报告或提供假报告或拒绝、阻挠、逃避现场检查者，处以 10 万日元以下罚款。

《工业标准化法》第 31 条规定国内注册认证机构应根据主管省令的规定向主管大臣报告经认证的制造业主等或加工业主的姓名或名称、住所及主管省令规定的其他事项；第 33 条规定报送认证业务的有关规程、认证的实施方法、有关认证费用的计算方法；第 35 条规定国内注册认证机构应在每个事业年度结束后 3 个月内，编写该事业年度的财产目录、借贷对照表及损益计算表或收支计算表及营业报表或事业报表，并要求保存 5 年；第 42 条规定国外注册认证机构拒绝、妨碍或逃避检查、不提交业务报告或提交虚假报告的，主管大臣可以取消该注册。通过分析，可以发现，日本实行成文法监管方式，政府对产品认证发挥着主要和基础性的规制作用。本质上这种政府直接参与认证模式无异于行政许可，第三方认证的市场规模和认证领域仍较小。

二、日本认证认可的机构和实体

1991 年 10 月，根据国际组织的倡导要求，日本政府采用 ISO 9000 系列标准，作为体系认证活动的依据。1993 年，日本成立质量体系评定注册认可协会。1994 年 1 月开始受理质量体系注册机构、培训机构和审核员的注册申请，开展体系认证工作。2004 年，日本政府修订了《工业标准化法》，共 7 章 76 条，包括：总则、JISC、JIS 的制定、对工业品适应 JIS 的认证、产品测试事业、杂则、罚则等，对 JIS 认证制度进行改革，充分利用社会中介组织力量。修订后的认证主体由之前的经济产业省或其指定的认证机构调整为由符合 ISO/IEC 指南 65 的注册认证机构对企业实施认证，即管理方式由指定改为注册。在认可领域，有政府性质的认可机构，如日本国家技术与评价研究院；也有民间认可机构，如日本合格评定认可理事会是财团法人，负责对产品认证机构及检测实验室认可。工业制品和工矿产品的合格评定工作由经济产业省属下的工业技术院标准部负责，企业质量保证能力的合格评定由 9 个地方经济产业局负责，《工业标准化法》是其开展的认证认可相关活动的法律依据。

日本与认证认可相关的部门与机构主要有经济产业省（这是主要的政府主管部门）、日本质量体系注册认可机构、日本电器用品实验所、日本制品安全认证咨询企业国际 A-PEX 株式会社等。

日本是由政府部门管理质量认证工作。各部门分别对其管辖的产品实行质量认证制度，同时使用自己设计和发布的认证标志。其中，经济产业省管理的认证产品大约占日本认证产品的九成。

三、日本认证认可的数量及水平

以环境管理体系认证工作为例，1996 年，ISO 14001 环境管理体系标准发布实施。当年日本启动环境管理体系（EMS）认证工作。截至 2017 年 1 月，日本全国已签发 EMS 认证证书 49500 件。多年来，日本一直居全球 EMS 认证数量排行榜第 1 位。2001 年至 2004 年，是日本 EMS 认证的高峰期，每年发证数量均在 2500 件以上，近年来有所下降。通过 EMS 认证的企业中，商业、饭店、金融等服务业占 34. 2%；

金属材料与加工占 10.8%；电工及光学设备占 9.8%；建筑工程占 8.9%；橡胶制品、塑料制品占 6.1%；机械设备占 5.3%；化工药品、制品及纺织占 3.9%；其他占 21%。

第四节 日本国家质量基础设施建设的经验与启示

对比我国的 NQI 建设情况，不难发现我国与日本在标准化制度、认证认可制度等方面存在着明显的差异。

我国目前已初步形成了一套自己的标准化法律体系，它包括《中华人民共和国标准化法》《中华人民共和国标准化法实施条例》及其配套的《国家标准管理办法》《行业标准管理办法》《地方标准管理办法》《农业标准化管理办法》等。与日本相比较，我国的标准化体系层次更多，内容更为复杂。

JISC 由具有丰富学识经验人士组成的机构，发挥着至关重要的作用。没有通过他们的审查，任何原始标准方案都无法成为日本的国家标准，任何主管大臣也没有权力不通过 JISC 的审查自行制定 JIS。与我国标准的编制和制定主要由相关行政主管部门实施、企业和相关社会团体参与提出较少不同，日本有近 80% 的原始标准方案是由民间企业和社会团体提出和制定的，且这个比例还在不断提高。因此，日本的标准化制度表面上看起来是政府主导，实际上则是民间企业和社会团体在标准的制定上发挥着主导作用。

日本的标准制定，已从过去主要以 ISO、IEC 为蓝本，甚至完全拷贝，到现在从国家战略的高度，将标准的制定与产业发展战略相结合。

近年来日本对 JIS 认证制度进行改革，开始充分利用社会中的组织力量。修订后的《工业标准化法》认证主体由之前的经济产业省或其指定的认证机构调整为由符合 ISO/IEC 指南 65 的注册认证机构对企业实施认证，即管理方式由指定改为注册。在认可领域，有政府性质的认可机构，如日本国家技术与评价研究院，也有民间认可机构。日本政府正在从标准认证主导者角色转变为与私营、民间机构协力，在市场监督中扮演监督者的角色。由此可见，不断发挥市场力量，激发市场潜能，让政府做好监督管理，是日本认证认可制度中值得我们借鉴的地方。

第六章

CHAPTER 6

韩国国家质量基础设施建设的经验

韩国NQI管理体系中，计量、标准、检验检测和认证认可分属韩国不同部门，其中，韩国标准与科学研究院（KRISS）负责计量相关工作；韩国技术标准署（KATS）负责韩国国家标准工作；韩国实验室认可机构（KOLAS）是韩国履行对校正、检测、检查、标准物质生产商认可的政府机构；韩国认可局（KAB）是唯一被韩国产业资源部承认负责管理体系和人员认证机构认可服务的国家认可机构，同时它也是IAF在质量管理体系和环境管理体系互认协议的签署者。

第一节　韩国计量体系

一、韩国计量体系的主要机构和运行机制

KRISS是韩国国家级的计量技术机构，始建于1975年，负责建立韩国国家测量标准，以及开展测量标准和技术的研发活动，主要包括保存并研究国家计量基准，参加国际比对，进行量值传递、计量器具检定与校准，研究和提供标准样品及标准数据，研究和开发新的测量技术和精密测量仪器，为工业提供技术服务、人工培训、技术咨询和

仪器修理，对产业以及公众起到应有的贡献，并推动国民经济、科学技术和生活质量的提高。KRISS下设6个部门，即物理标准部、化学标准部、工业测量部、成果扩散部、经营企划部和行政部。KRISS组织架构图见图6-1。

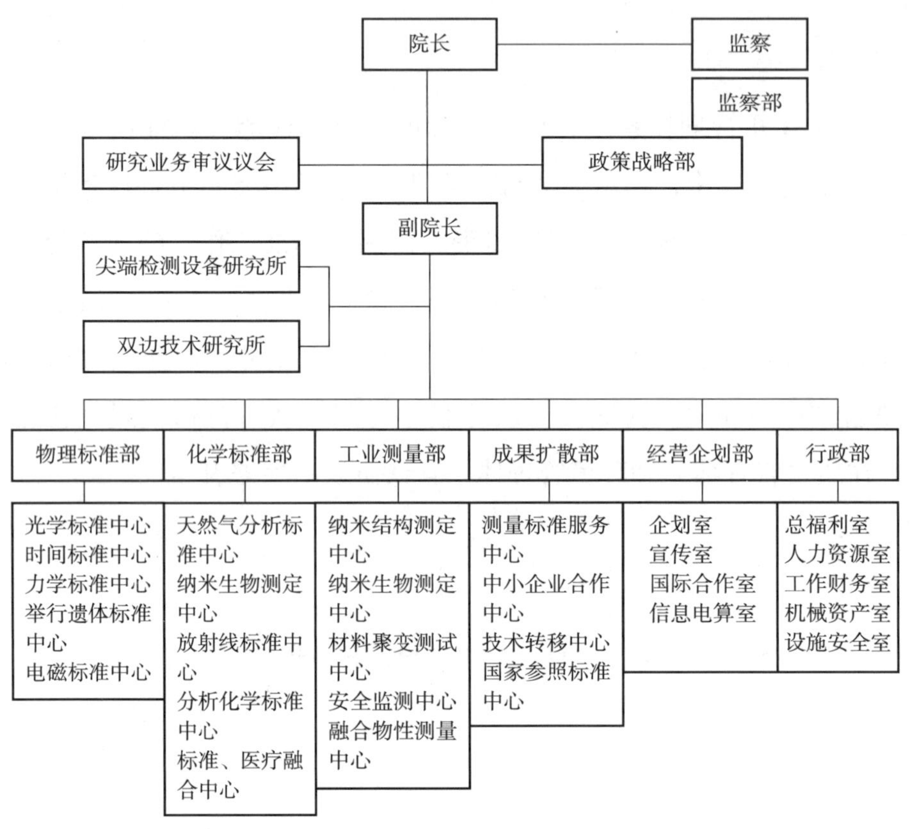

图6-1 KRISS组织架构图

1. 法定计量体系

韩国法定计量体系强制使用计量单位，共有134种法定计量器具通过生产注册来控制，在134种法定计量器具中，17种需予以检定，检定的类别和负责部门见表6-1。

表 6-1 检定的类别和负责部门

类别	负责部门	项目
制造	韩国机械仪表和石化测试研究所（MPI）	17 种仪表
维修	15 个地方政府机构	17 种仪表
过期	15 个地方政府机构	17 种仪表

计量器具的型式批准制度是自愿性的，经过型式批准的器具可免除一些检定项目，型式批准的负责机构为韩国国家技术和质量研究院。

2. 工业计量体系

工业计量体系主要涉及校准、标准样品的注册、实验室认可 3 大维度。其目的是提高测量结果的可靠性。主要负责机构为 KRISS。KRISS 由 510 个实验室构成，其中国家校准实验室 164 个，机构内部设置的校准实验室 346 个。韩国对计量器具校准中使用的标准样品实施注册制度，主要注册机构为 KRISS，该院共有 14 个专业范围，116 种标准样品，如钢尺、标准气体；韩国资源研究院共有 2 个专业范围，7 种标准样品，如材料、矿物。

二、韩国计量相关法律法规

韩国法定计量体系以《测量法》（1905 年制定，1961 年修订）为基础，保证了公平贸易的秩序，尤其是在贸易中使用的法定计量器具。随着国际贸易的增多和科学技术的发展，精确的测量技术越来越显示出其重要性，《测量法》于 1994 年又一次进行了全面的修订，改名为《重量和测量法》，引入了工业计量体系，包括校准、标准样品注册和实验室认可。

第二节　韩国标准化体系

一、韩国标准化主要机构和运行机制

1. 韩国技术标准署（KATS）

KATS 是韩国知识经济部下属的韩国国家标准化机构，其组织架构图见图 6-2，负责韩国国家标准工作。同时，KATS 代表韩国参加 ISO、IEC、PASC 等国际和区域性标准化组织，并发挥着重要作用。目前 KATS 共有 37 个分委员会，由 300 名成员组成，他们得到了 251 个技术委员会的 270 名技术专家的支持。KATS 还成立了一个研究委员会，专门从事对化学、生物技术、环境、机械、电工和来自其他国家的技术法规和标准等信息的分析研究工作，并向中小企业通报其研究结果，从而有助于企业克服技术性贸易壁垒。KATS 于 1963 年成为 ISO、IEC 两个国际组织的正式成员，并于 1994 年参加 PASC。KATS 曾多次在韩国主办国际标准化会议，以向人们展示韩国在国际标准化活动中的积极态度。韩国在 KATS 内设立了 WTO/TBT 官方咨询点，负责向 WTO 成员发布涉及工业品的标准和技术法规草案，并回答来自其他国家的咨询。

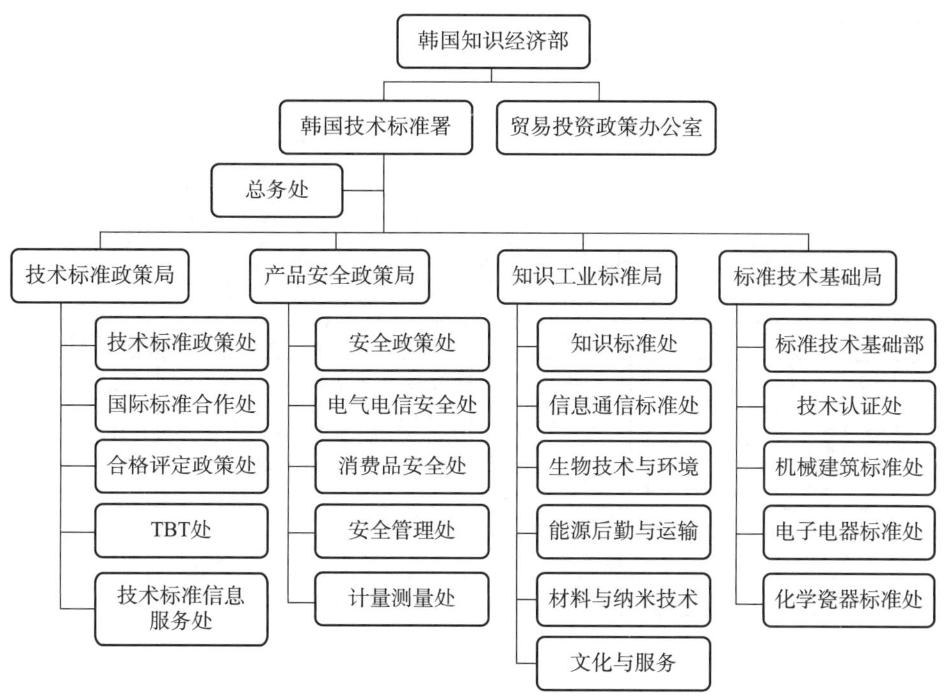

图 6-2　KATS 组织架构图

2. 韩国标准协会（KSA）

KSA 是一家私营机构，其主要工作是向工业界推广韩国工业标准（KS）、教育和培训以及 KS 标志认证的实施。该协会于 1962 年正式成立，是韩国产业通商资源部下属的非营利公益法人。多年来，KSA 始终活跃于标准、认证、培训及社会振兴领域，是提供综合性知识服务的大型专业机构，是韩国唯一一家具有 KS 认证培训资格的机构。KSA 由首尔总部、12 个地区中心、5 个办事处以及中国事务所构成，员工总数 393 名，会员公司约达 5000 家，其组织架构图见图 6-3。

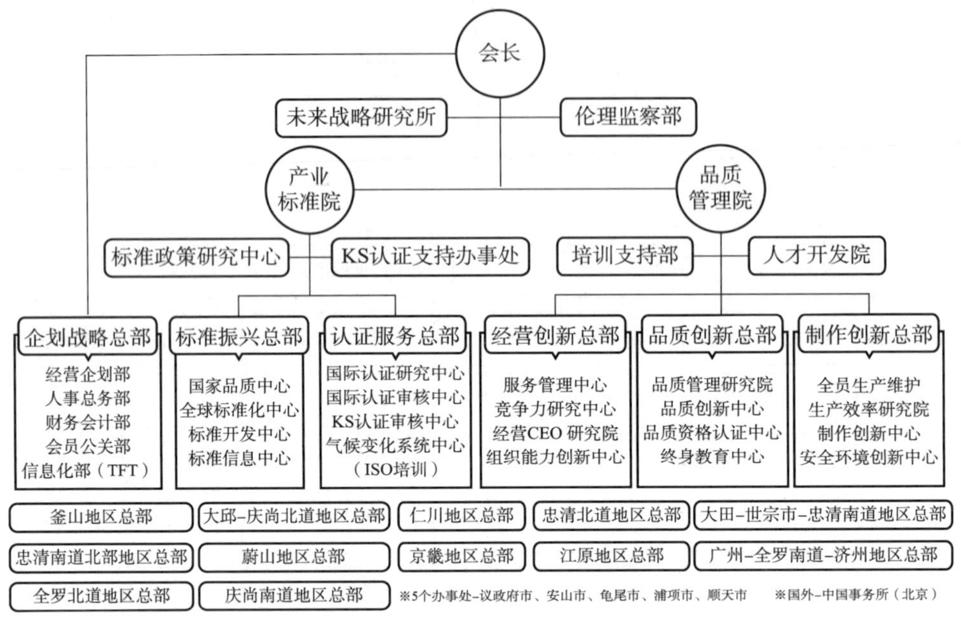

注：※表示图中未显示的 5 个办事处和 1 个国外办事处。

图 6–3　KSA 组织架构图

二、韩国标准化体制和机制

1. 国家标准理事会（NSC）

NSC 在《国家标准法》中规定了 NSC 的建立和运作。NSC 受总理管辖，负责制定国家标准化体系的基本规划和协调各相关部委的关系。NSC 由 15 个成员组成，包括相关部长、国家计量标准研究院的院长以及由总理任命的专家。产业资源部为 NSC 的秘书处。①NSC 的职能：包括审查和协调国家标准化体系的基本规划和国家标准政策；与国际和国外标准化组织的合作活动；有关标准的研发活动和技术推广；有关合格评定体系的项目；有关测量标准、参照标准和文献标准的体系和规章；国家标准与国际标准的协调；在总统令中规定的其他与国家标准化体系相关的事宜。②国家标准化体系：包含了对 SI、国家校准体系、标准物质和校准、法制计量、工业标准等方面。③国家标准化体系的运作：涉及标准的制定与实施、产品认证、检测实验室的认可、质量管理体系、环境管理体系、合格评定结果互认、国际合作等。NSC 要求所有标准在制定时应与国际标准协调。

2. 韩国的标准体系

韩国的标准体系主要分为国家标准和团体标准两个层级。KS 作为韩国的国家标准，主要包括 21 个领域的标准，标准为自愿性。21 个领域分别是基础（A）、机械（B）、电气电子（C）、金属（D）、矿产（E）、建筑（F）、消费品（G）、食品（H）、环境（I）、生物（J）、纤维（K）、陶瓷（L）、化学（M）、医疗（P）、质量管理（Q）、运输机械（R）、服务业（S）、物流（T）、船舶（V）、航空航天（W）、信息（X）。韩国将团体标准定义为，标准化相关团体出于保障公共安全性、保护消费者利益、为团体成员提供便利等目的，就产品、性能、结构、流程、方法等进行统一、简化而制定的标准，由组织成员共同遵守。著名的韩国标准化团体有韩国汽车工业协会（KSAE）、韩国铁路车辆产业协会（KORAM）、韩国电器产业振兴协会（KOEMA）等。

三、韩国标准化战略和政策

2016 年，受国际经济环境影响，韩国经济处于“增长或停滞”的重要战略转折期。随着标准对国家经济、制造业、服务业和节能环保等的影响不断加强，韩国政府认为标准是助力韩国产业走出内需与出口发展困境、引导经济重回增长轨道的重要工具，对标准化工作的重视程度也再创历史新高。

基于上述背景，韩国于2016年制定并发布的“第四次国家标准基本计划（2016—2020）”（以下简称“第四次计划”）从推进背景、标准环境和本国情况、评价及课题、重点推进课题、财政投资计划和预期效果6大角度，分析了国内外标准化发展现状，做了到2020年韩国标准化工作方针的计划，重点强调了通过计划制定，助力企业进军国际市场的标准化政策。

“第四次计划”对标准的定位与应用作出了如下判断：从国际标准化竞争角度看，CEN、PASC、COPANT等区域标准化合作组织的影响力不断强化，发达国家有策略性地加强国际标准化合作，争夺国际标准话语权；从标准化工作的经济效益看，标准在打破技术性贸易壁垒、开拓市场、助力技术创新、提高产业竞争力方面发挥的作用不断增强，对国家经济贡献与日俱增；从标准与新业态的结合方面看，随着人工智能和物联网技术的加速应用，标准发挥着保障技术、产品间的兼容性、可及性的重要作用；从标准助力服务业发展角度看，发达国家积极推进服务业标准化工作，韩国有必要学习发达国家的经验；从标准与节能环保角度看，新能源、新技术标准发展动力强劲，技术研发与标准化工作需要同步推进。

基于上述背景，“第四次计划”通过完善国家标准化体系，实现经济快速发展为愿景，提出了“开辟国际市场，助推经济成长”“拓展标准基础，强化企业竞争力”“夯实安全底线，增进国民福祉”“实现民间主导，构建标准生态”4个发展目标和“研发融合型新产业标准”“提高企业参加国际标准化工作的积极性”“加速发展服务业和社会所需的标准”“构建民间主导型标准化工作体系”4个发展方向。

“第四次计划”在明确的问题导向下，提出了12项重点任务：

① 研发智慧产业和融合型产业标准以信息和通信技术（ICT）为中心，重点推进智慧交通、智慧农业、物联网、5G、无人机、云技术、智能设备、新材料、生物医疗等高附加值产业的标准化工作。

② 推动制造服务业标准化，加速制造服务业全链条标准制修订，以加速产业创造工作岗位，提高产品技术附加值。

③ 抢占市场主导型国际标准话语权。进一步争取在ISO、IEC、ITU等有国际影响力的国际标准组织中承担重要职位，同时谋求增设并主导有影响力的技术委员会成立工作组；加速国家技术研发与标准化工作的有机结合；策略性开展标准化合作，联合制定标准以拓展市场。

④ 确立企业友好型的标准与合格评定体系优化监管模式，撤销阻碍企业发展的标准、技术法规与认证，减少企业负担。

⑤ 构建助推企业出口的标准化工作机制，加速构建国际领先的认证服务模式，加强应对国外技术性贸易壁垒，提升中小企业的标准化意识与参与度，加快发展标准化服务业，针对标准化重点领域运营专题论坛、会议等。

⑥ 全面提升产业测试标准水平，提升国家机构的校准与测量能力（CMC），国际关键比对（KC）达到国际先进水平。加速研发航天、航空、国防、能源、尖端新材料及元件、尖端计量设备领域的配套标准。

⑦ 通过标准增进国民福祉，加速推进旅游、休闲、会展产业的标准化；推进文化、内容产业的标准化，特别是推动韩国现代流行文化和传统文化宣传相关的标准化；推动空气质量、卫生安全方面的标准化，营造舒适的社会生活环境。

⑧ 通过标准保障生活便利与国民健康，推动政府电子政务、民用通信、社会服务等标准研制；加强无障碍等面向社会高龄和弱势群体

的标准化工作；战略性推动韩医药标准化发展，快速推动国内及国际标准化工作。

⑨ 通过标准夯实安全底线，加强产品、设备、食品、医疗器械、金融服务、个人信息安全等领域的标准化工作。

⑩ 实现民间对标准化活动的主导，全面提升标准研制合作机构的研发能力与合作水平，积极面向企业举办论坛和研讨会，提高民间企业和专家参加标准化活动的积极性。构建并实施标准化领跑者制度，开创“标准里程”制度，用以评估企业对标准化活动的参与水平，构建以全供应链为视角的“集群型标准化活动模式”。

⑪ 系统培养标准化专业人才，提升覆盖小学、初中、高中的标准化基础教育水平，提高面向大学的标准化教育水平，为在职人员提供个性化标准化教育课程，构建标准化专业人才胜任力评价体系。

⑫ 构建沟通开放型标准化工作机制，设立跨部委的“国家标准政策研讨会”和“合格评定综合管理机制”。整合精简国家认证工作机制，加强标准与技术法规的结合，加强标准数据库建设，加强军民标准融合等。

“第四次计划”为上述重点任务的实施提供了 1.1 万亿韩元的经费支持，是历史最高值，同时也强调获得预算最多的韩国未来创造科学部和产业通商资源部，在标准化工作中分别发挥的技术和引领作用。此外，“拓展标准基础，强化企业竞争力”部分占了标准化预算的七成，未来该部分的标准化发展值得高度关注。通过有序推进“第四次计划”，韩国希望获得 13.3 万亿韩元的社会经济效益，促进实现 70 亿美元的出口，企业成本减少值和技术转移附加值共计达到 5.6 万亿韩元；企业对国家、国际标准的采用率达到 70%；在韩国开展的国家、国际标准化工作中，企业贡献度占比达到 36%，比当前水平提升 15%。相较于前三次计划，“第四次计划”体现了韩国通过标准化工作的开拓国际市场的思路。标准化正式成为韩国政府助力产业发展，驱动经济成长的重要工具。

四、韩国标准化法律法规

韩国有关标准化的基本法律为《国家标准法》《工业标准化法》。《国家标准法》包含了标准的定义，以及政府在促进标准化活动的国际协调和减少重复等方面的作用。《国家标准法》的目的在于促进技术创新，改善工业结构以支持向信息社会的转变，提高国家竞争力和公共福利。《国家标准法》适用于所有受科学技术影响的社会和经济活动。《工业标准化法》于2012年2月5日正式修订，共由7章和其附则正式形成，第1章总则，第2章韩国产业标准，第3章韩国产业标准的适合性认定，第4章产业标准化的促进，第5章韩国标准协会，第6章补则，第7章罚则。

KS是依据《工业标准化法》制定的国家标准，包含了16类标准。KS可以通过以下2种方式制定：第一种，为了提高工业产品的质量、保护消费者权益、节约能源和资源、保护健康和安全或促进简化，由KATS提出；第二种，由相关团体提出。在第一种情况下，KATS会要求KSA、学术机构或者研究院起草标准草案；在第二种情况下，由申请者负责提出标准草案。一旦收到标准草案，KATS会征询制造商、消费者等相关团体的意见。征询完意见后，草案以及相关信息会提交给工业标准委员会，工业标准委员会下属的分委员会将审核草案。如果需要更详细的技术意见，草案将转交给对应的技术委员会进行下一步的研究。如果草案获得批准，KATS将以新标准的形式发布。新标准有效期为5年，每5年审核1次，确定该标准是被修订、确定或取消。

第三节　韩国认证认可体系

一、韩国认证认可主要机构和运行机制

KATS 作为韩国合格评定的主管机构，对产品认证机构、校准和检测实验室、检验机构进行认可管理。其中，韩国认可体系（KAS）负责产品认证机构的认可，KAB 负责体系认证机构的认可，而 KOLAS 则负责校准检测实验室和检验机构的认可。

KS 标志制度是证明产品或技术符合相关 KS 的认证制度。KATS 负责 KS 的建立和 KS 标志制度的运行。KS 标志认证机构由 KATS 指定，负责证明产品或工艺技术符合 KS 并通过定期检查对产品进行监督。KS 标志认证机构应满足以下所有条件：第一，非营利机构，主要业务为工业标准化；第二，专职从事认证活动；第三，在韩国有 10 个以上的分支机构；第四，每个认证业务范围应至少有 2 名审核员；第五，在进行任何超出认证的商业活动时，该商业活动不能影响认证活动的公平性。KS 认证由制造商提出申请，由指定的认证机构依据相关标准对其产品及质量管理体系实施检查，对符合 KS 的产品允许加贴 KS 标志。对其后定期监督检查和市场抽查不合格的产品暂停或撤销其使用合格标志的资格。对于非法使用、误用合格标志予以处罚，处罚包括两年以下拘禁或不超过 1000 万韩币的罚款。

二、韩国认证体系

1. 强制性认证体系

（1）电气设备安全

KATS 依据韩国《电器安全控制法》对电气设备进行强制性认证。KATS 指定的强制性认证产品包括电线电缆、家用电器的开关、交流电家用电器和供电用电容器、安装附件及链接装置、电器的保护设备、绝缘变压器、家用电器、电动工具、音视频设备、信息及办公设备、照明设备等 11 类电器。

（2）消费品的安全

消费品安全认证的法律基础是《质量管理和工业产品安全控制法》。KATS 公告管制产品并建立相关的技术法规。KATS 已经指定了 7 家检测实验室，对存在潜在健康问题或安全危害的产品实施安全检查，尤其重视对婴儿车、玩具、打火机等的安全检测。

2. 自愿性认证体系

由 KATS 实施的自愿性认证体系（KS 认证除外）为了鼓励技术发展、提高质量和可靠性、促进再循环产品的使用，KATS 还实施以下几种认证标志：新技术认证（NT 标志）；杰出机械和材料的认证（EM 标志）；良好再循环商品认证（GR 标志）；可靠性的评估和认证；环境设备的品质认证。

三、韩国认证认可相关法律法规

韩国认证认可制度相关的主要法律为《国家标准基本法》和《合格评定管理法》。《国家标准基本法》中合格评定相关内容部分奠定了韩国产品认证体系的建立、标准实验室的认可、检测实验室和机构质量认证、质量管理体系以及合格评定涉及认可的法律基础。《合格评定管理法》规定，韩国产业通商资源部依据法律及国际标准相关机构制定的基准对合格评定机构进行评估，并负责设置及运营相关认可机构。认可机构负责公认机构的认可或认可撤销。公认机构的事后管理及监督、公认机构相互认可等国际协作及其他公认机构认可工作的实施等需要的事项。

第四节　韩国国家质量基础设施建设的经验与启示

从整体上看，韩国 NQI 工作处于政府主导与市场协作的发展模式。韩国的计量、标准、认证认可均由不同政府部门在管理，其可供借鉴参考的经验也表现出不同的特色。

韩国计量体系相关法规出台较早，管理体系相对完善，特别是在贸易中使用的对接国际标准的法定计量器具，随着国际贸易的增多和科学技术的发展，极大地推进了韩国在全球化贸易中的参与度与竞争力。韩国标准化工作取得的重大成就离不开其先后出台的四次国家标准基本计划战略，随着由建设健全标准化体系，到加强国家标准建设能力及标准基础设施，再到现阶段进军国际市场标准研发等政策的落实，标准化正式成为韩国政府助力产业发展，驱动经济成长的重要工具。韩国认证认可工作的市场化程度高，认证和检测除涉及国家安全、环境保护、人体健康等强制性领域，基本上都属于市场化机构，由市场自主调节其发展。

通过分析韩国 NQI 建设发展战略历程和最新进展，可为我国得出如下的建议与启示：一是应加速新技术研发与 NQI 工作的融合，快速抢占国际标准化话语权；二是全面提升企业参与 NQI 的积极性和工作水平，政府应扶植企业，战略性推进 NQI 工作；三是注重覆盖面广、专业性强、可量化评估的 NQI 专业人才培养，为我国 NQI 工作长链条输送人才；四是加快发展高端 NQI 服务业，为企业的标准、认证、技术性贸易壁垒攻关等提供切实有效的服务与决策支持。

第七章

CHAPTER 7

新加坡国家质量基础设施建设的经验

新加坡位于马来半岛南端、马六甲海峡附近，是一个仅拥有715平方千米国土面积、570万人口的国家。新加坡自然资源贫乏，国内市场狭小，但其地理位置优越，拥有世界上最繁忙的海港，被视为出入东南亚的理想门户。自1965年建国以来，新加坡积极发展以“出口导向”为特征的外向型经济，大力引进外资、先进技术和管理经验，重视产品、服务质量提升和出口商品的质量竞争力，在短时间内成就了新加坡产品与服务的高质量和卓越信誉，实现了经济的腾飞。在新加坡经济持续稳定发展的过程中，其国内各科研、质量管理和促进机构以及政府扶持政策和战略的共同推动，以及NQI和法制建设起到了重要支撑作用。

新加坡贸易与工业部（MTI），是新加坡主管贸易和工业政策制定和实施的政府部门，主要职责是从宏观角度促进经济发展，创造更多就业，指导国家经济发展方向等。2002年，依照新加坡国会通过的法案，MTI下辖10个相对独立的法定机构，并通过这些法定机构在各业务领域为企业提供服务。MTI管辖的法定机构及主要职能见图7-1。

在MTI管辖的10个法定机构中，涉及NQI建设及中小企业扶持与管理的机构，主要包括新加坡科学技术研究局（A*STAR）、新加坡标准、生产力与创新局（SPRING）以及新加坡国际企业发展局（IE Singapore）。其中A*STAR凭借其科学技术研究优势及下属的新加坡国家计量中心（NMC），负责新加坡计量技术、计量标准的研制以及代表新加坡参与国际计量组织和会议等活动；SPRING 则是负责新加坡标准化工作具体实施的法定机构；IE Singapore 通过一系列外向型经济和质量政策协作中小企业进行海外扩张。2018 年 4 月，新加坡标准化管理机构迎来了全面改革，正式将 SPRING 与 IE Singapore 合并，更名为新加坡企业发展局（ESG）。

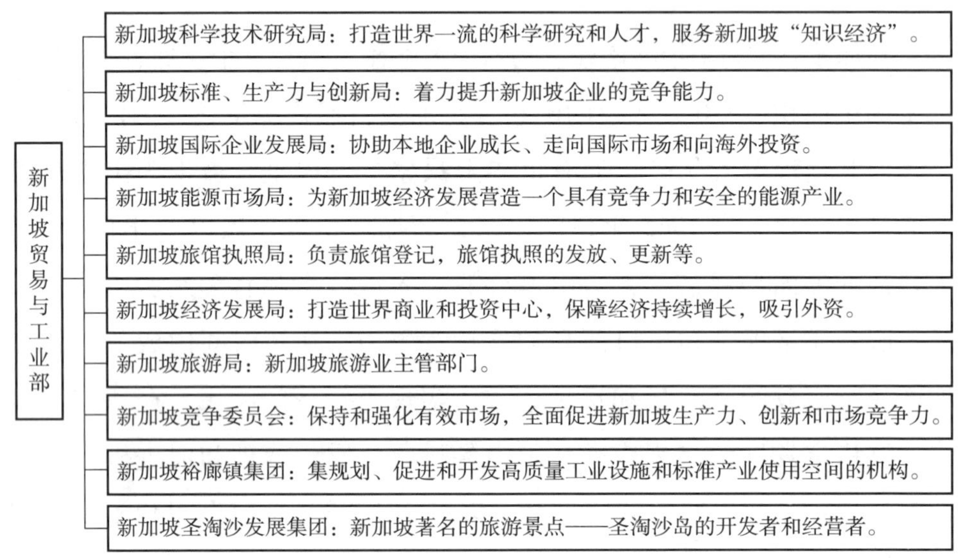

图 7-1　MTI 管辖的法定机构及主要职能

第一节　新加坡计量体系

一、新加坡计量体系的主要机构

新加坡计量体系既坚持开放型市场经济的特点，又始终注重政府机构的主导作用。隶属于 A*STAR 的 NMC，是新加坡的国家计量研究机构，它致力于推进计量科学的发展，为促进新加坡经济的创新和竞争力服务。A*STAR 则力求从总体上促进新加坡科研能力和人才整合，并通过参与制定和执行国家科技发展计划保持新加坡的世界竞争能力，协助新加坡向知识型经济体转型和迈进。

1. 新加坡科学技术研究局（A*STAR）

（1）A*STAR 概况

A*STAR 是 MTI 下属的自治研究机构，前身是成立于 1991 年的新加坡国家技术局，其主体位于启奥生物医药研究园和启汇城。目前，有超过 5000 名研究人员在 A*STAR 的 19 个研究所和 4 个国家研究平台工作，并有数千名世界各地的博士获得了 A*STAR 颁发的奖学金。

A*STAR 成立的目的是带头开展以服务经济为导向的科学研究和人才整合。其使命是提升新加坡的科技和创新水平，协助新加坡向知识密集和创新型经济体转变，促进新加坡经济增长和改善人民生活。

（2）A*STAR组织结构

A*STAR 的研发活动涵盖生物医学科学、物理科学和工程学等领域，下属生物医药研究、科学与工程研究两大理事会，以及研究生院、A*ccelerate技术有限公司。A*STAR的组织结构见图 7-2。其中，NMC 是 A*STAR 科学工程研究理事会下属的一个研究机构。

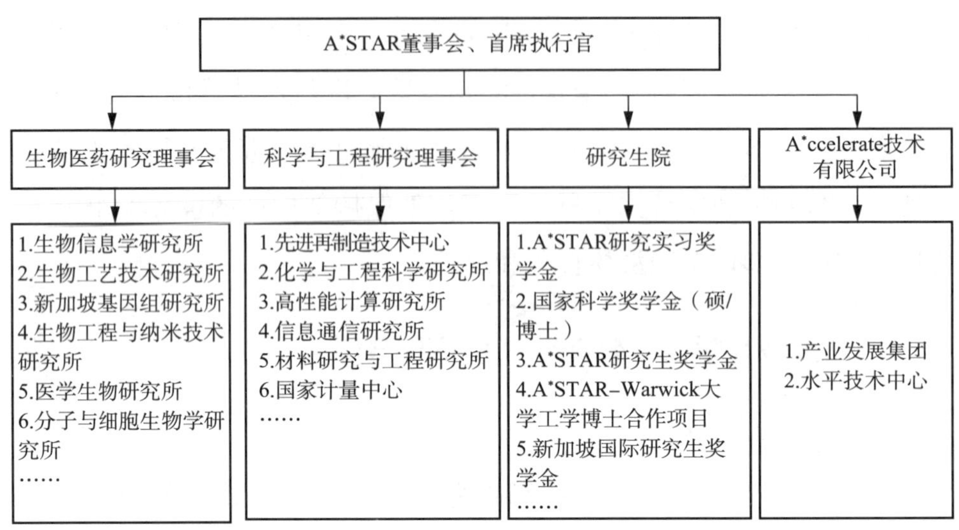

图 7-2　A*STAR的组织结构

（3）A*STAR研究领域

A*STAR的科学研究主要集中于生物医学、物理科学和工程领域，它的2个研发中心汇聚了新加坡本土以及国际相关科学领域的顶尖科学家和工程师，并有越来越多的企业实验室参与其中。

A*STAR的生物医药研究理事会下属10个研究所和2个科学服务中心，其研究内容主要分为药剂、医药科技、日用消费与医疗保健、生物科技等4个群组。在启奥生物医药研究园，除了生物医药研究理事会的下属研究所，还入驻了大量的生物医药企业。这对促进公共与私人企业研究所的合作提供了极大便利，还有助于共用科研设备和实施，提高经济与运作效率。总之，在A*STAR科研力量的带动下，启奥生物医药研究园已成为新加坡生物医药科研、人才培养、研究成果转化和市场化的天地。

A*STAR的科学与工程研究理事会下辖8个研究所（包括NMC），是支持新加坡在先进制造技术、化学品、材料和能源、高性能计算、信息通信、计量科学等领域世界级研究的国家力量。首先，科学与工程研究理事会不但积极计划和推进战略领域的科学研究，还鼓励各研究所和部门之间开展多学科研究和合作，共同创造知识和知识产权，推动知识密集型产业的发展。其次，科学与工程研究理事会通过各种基金项目和附加计划，积极参与和资助工业合作伙伴组织，从而促进科技概念、成果商业化的无缝衔接。最后，科学与工程研究理事会大力培养优秀的科学家和工程师，为学术机构和商业伙伴提供现成的人才渠道。

（4）A*STAR参与新加坡科技创新规划

新加坡十分重视科技创新对经济转型升级的重要作用，它将自己定位为一个由创新活动主导的经济体，将科技创新作为国家发展的战略方向。

建国以来，新加坡几乎每10年就发生一次经济转型，先后经历了劳动密集型、技术密集型、资本密集型、科技密集型、知识密集及创新型等阶段。特别是20世纪90年代进入科技密集型经济发展阶段后，新加坡开始制定“国家科技发展五年计划”，如今已经制定和实施了6个“五年计划”，预算投入不断增加，重点资助的领域除了紧随世界前沿科研技术领域，也有结合自身问题和优势确立的方向，并越来越重视基础性的自主科研项目。新加坡国家科技发展计划的主题和经费投入情况见表7-1。

表7-1　新加坡国家科技发展计划的主题和经费投入情况

新加坡国家科技发展计划	预算金额	主题
国家技术计划1995	20亿新元	建立和完善研究设施：建立公共研究所和科学园区，以资助的方式鼓励企业投入研发，更新技术
国家科学技术计划2000	40亿新元	招募大批研究和工程技术人员，创造良好研发环境，提高加工业技术水平、创新能力，促进技术成果转化

表 7-1（续）

新加坡国家科技发展计划	预算金额	主题
2005 年科技计划	70 亿新元	基础和应用研究 50 亿新元，用于资助公共研究院所和大学研究项目；20 亿新元用于风险投资、技术转移和创新创业
2010 年科技计划	135 亿新元	加强发展电子、化学、海事工程等优势领域，将生物医药、环境与水处理以及互动、数字媒体确立为 3 个重点发展的战略领域；鼓励科研活动，加强研发项目的商业价值。金额包括国家研究基金 50 亿新元，MTI“2010 年国家科技蓝图”75 亿新元，教育部的“学术研究蓝图”10 亿新元
2015 年研究、创新、创业计划	160 亿新元	主要方向：①电子（数据储存和半导体）；②生物医药学（传统研究与临床研究）；③通信与媒体（云计算、网络服务及互动与数字媒体）；④工程学（精密工程学领域、海洋及近海工程）；⑤清洁技术（水资源和太阳能研究、智能能源系统）
2020 年研究、创新、创业计划	190 亿新元	优先资助新加坡具有竞争优势和重要国家需求的战略技术领域：先进制造和工程技术、健康与生物医疗科学、城市解决方案和可持续性、服务业和数字经济

新加坡国家科技发展计划的最高决策层是总理亲任主席的政府特设机构——研究、创新及创业理事会（RIEC），它负责制定新加坡科技长期发展计划并监督其实施。RIEC 的第二层组织包括 MTI、教育部（MOE）、卫生部（MOH）、总理公署等，它们参与科技研发相关的预算编制及资金的监督管理。RIEC 的第三层次为科研项目选拔和资金分配的机构，主要包括隶属于 MTI 的A*STAR、经济发展局（EDB）和 ESG、隶属于教育部的学术研究理事会（AcRC）及卫生部的医学研究

理事会（NMRC）；此外，国家研究基金也有面向企业的研究和创新支持基金，新加坡国家科技发展计划机构设置见图 7-3。

研究、创新及创业理事会
Research, Innovation &
Enterprise Council（RIEC）

总理公署
Prime Minister's
Office

卫生部
Ministry of
Health

教育部
Ministry of
Education

新加坡贸易
与工业部
MTI
Ministry of
Trade & Industry

NATIONAL
RESEARCH
FOUNDATION
国家研究基金

EDB
singapore
经济发展局

Agency for
Science, Technology
and Research
新加坡科学
技术研究局

SPRING
singapore
新加坡标准、
生产力与创新局

图 7-3　新加坡国家科技发展计划机构设置

2. 新加坡国家计量中心（NMC）

（1）NMC 概况

NMC 成立于 1973 年，最初隶属于新加坡标准与工业研究所（SISIR）；2008 年，NMC 的隶属关系由 SISIR 转移至A*STAR。NMC 现为A*STAR科学工程研究理事会下属的 8 个研究所之一，是新加坡国家计量标准的保管人，负责建立和维护国家最高计量参考标准。NMC 的使命是通过提供国际认可的计量基础设施来提高工业计量的质量。在新加坡国家科研与发展体系中，NMC 通过发展计量科学，为工业、政府机构和其他终端用户提供计量和校准技术专业知识和支持，进而推动新兴技术创新、促进新加坡经济创新和竞争力。

（2）NMC 组织结构与服务范围

NMC 拥有一支由科学家和工程师组成的多学科团队，在支持新加坡企业先进科学技术发展的同时，还通过与先进国家、国际组织的密切合作，获得国际对其计量能力的认可，以帮助新加坡公司在广泛的工业部门，包括航空航天、电子、制造、制药和生物技术以及石油和天然气，满足国际贸易要求并获准进入全球市场。NMC 计量服务功能图见图 7-4。

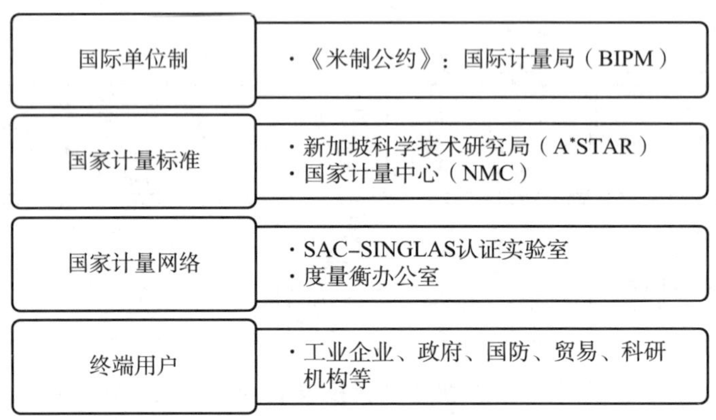

图 7-4 NMC 计量服务功能图

具体而言，NMC 向新加坡企业主要提供科学技术支持、计量标准支撑、社会服务和企业合作等服务项目。其中，NMC 的科技支持项目见图 7-5。

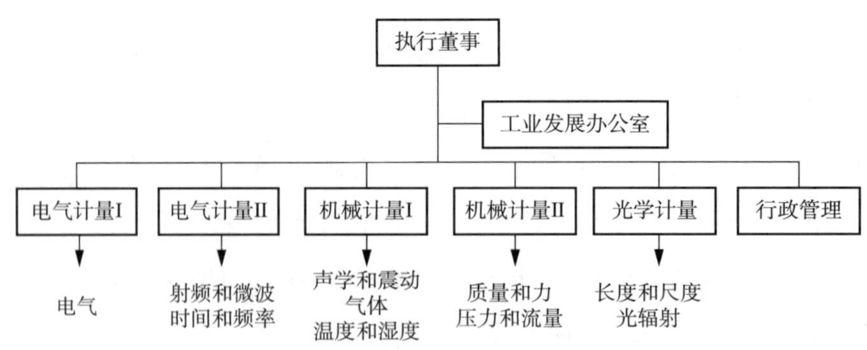

图 7-5 NMC 的科技支持项目

在计量标准及社会服务方面，NMC 首先负责建立并保持新加坡最高精度的计量标准；其次，它还积极参与其他国家计量机构（美国 NIST、德国 PTB、中国计量科学研究院、日本国家计量院等）计量标准的对比并签署了全球计量互认协议，以提高新加坡计量标准的准确性与国际认可度；再次，作为国家计量权威机构，NMC 向企业和社会提供实验室认证、校准和测量等专业技术；最后，NMC 与企业在研究项目、咨询、培训、精密测量和校准服务方面进行合作。

二、新加坡计量体系的体制和机制

1. 计量体系的法律依据

《度量衡法》是新加坡规范和统一度量衡体系的主要法律依据，该法颁布于 1975 年且在 1985 年做了全面修订，主要规定了新加坡计量的单位与标准、商品交易中的度量衡规范、特定类别商品交易的规制、度量衡行政机构的设置与职能等内容。此外，为配合其他相关法律的出台，《度量衡法》分别在 1980 年、1989 年、2005 年、2007 年和 2018 年进行了数次修订。在一些具体领域，一些部门或组织也出台了相关的计量政策，如新加坡工料测量师协会制定有《工程量计算通则》，该通则虽然是非强制性的，但被广泛作为建设项目工程计量的基础以及纠纷裁决的依据。新加坡海事及港务管理局，在 2017 年强制要求使用质量流量计作为油品贸易交接的依据。为配合该强制性要求，2019 年新加坡发布了技术导则《加注质量流量测量》，将新加坡市场油品计量精度、透明度和声誉提高到了新水平。

2. 新加坡计量体系的体制机制

新加坡计量管理体制具有政府主导、多方参与、注重社会服务的特点。NMC 是新加坡计量科学与标准的科研与管理机构，但作为

A*STAR的一个研究所，它也是新加坡科研、创新与创业体系的重要参与者。除了注重工业计量及计量标准的科研工作，NMC 也十分重视社会服务功能，这通常是与其他机构的通力合作共同完成的。比如，NMC 就是全球领先的新加坡船舶燃油加注服务的重要参与者，负责加油市场准入机制中测试数据的验证等工作，参与到新加坡海事及港务管理局船舶燃油加注的行政、监督和执法活动中。

三、新加坡计量体系的特点

新加坡是一个很小的城市国家，其国家治理实行的是精英治国机制，拥有一支专业化的行政队伍和行政决策程序，这些特点在新加坡科研、创新和计量体系中也有体现。总的来说，新加坡计量体系具有如下特点：

1. 政府是推动科技、创新以及计量科学发展的主要力量

新加坡着力打造有利于科研和创新的国家创新体系，其制定和实施的“国家科技发展五年计划”的预算投入不断增加，重点资助的领域除了紧随世界前沿科研技术领域，也越来越重视基础性的自主科研项目。新加坡重点发展的信息和通信技术领域，为新加坡提供了优质的信息化基础设施。这也成为以金融促进技术开发、交易、商业化、市场化的重要基础，即让资金、资本、重要财务和信用信息的融通更加流畅快捷，让新技术的传播更加迅速。

2. 政府部门、科研机构、私人企业多方共同参与

RIEC 是新加坡科技体系的最高决策机构，MTI、MOE、MOH 等负

责科技研发相关的预算编制及资金的监督管理，A*STAR、ESG、AcRC及NMRC则是科研项目选拔和资金分配的执行机构，A*STAR下属的NMC则具体负责计量科学与标准的研究工作。此外，新加坡国家研究基金也为企业的研究和创新提供支持基金，并且政府还着力投资打造一站式的公共科技研究所和科学园区，为金融机构、工业企业、科技巨头和大学创造良好便利的交流空间，加强这些独立机构之间的联系。

3. 完善的法律体系和开放的法制环境

新加坡经济对外资依赖程度高，完善而开放的法制机制和环境是吸引跨国企业和外资的重要制度保障。为适应技术创新及国际贸易的需要，新加坡政府对相关法律、规定和政策进行及时的修订和完善。例如，从1975年至今，《度量衡法》已被修订多次。此外，新加坡政府还出台了风险投资基金计划，与风险投资商共同投资技术起步公司，开展扶持创新产业发展的行动，发起多项融资计划，牵线搭桥，解决小企业融资难的问题等。新加坡法律通用性强，对境内的所有公司（无论本地外资、无论规模大小、无论国有私人）都适用。例如，2004年通过的《公司竞争》法，其目的就是为所有参与竞争的企业划一条平等的起跑线，创造公开透明的竞争环境，提高活力。

4. 重视知识产权，集中优势资源发展核心科技

新加坡政府很重视对知识产权价值的挖掘、转化和增值，推出了多项“知识产权融资计划”，通过政府与银行共同承担部分债务风险，帮助企业使用知识产权获得银行贷款；还向拥有强大知识产权的企业提供创新基金，帮助这些企业将新加坡作为产品、服务全球拓展的基地。此外，由于国家小、资源少，新加坡在发展科技方面，采取了结

合国情集中优势资源发展核心科技的道路。例如，从单项技术领域专利数与专利总数的比值看，新加坡的发明创新主要集中在少数领域，申请专利的企业也集中在少数大型企业。这种科技创新支持模式的持续性对决策者有很高的要求，需要他们对未来有很强的预测和掌控能力。

第二节　新加坡标准化体系

一、新加坡标准化体系的主要机构

新加坡的标准化工作一直走在世界前列，早在 1966 年就成为 ISO 的成员，并于 1990 年加入了 IEC。新加坡以标准化为战略工具并制定具体实施计划，为促进其国家经济发展、消除贸易壁垒等发挥了极其重要的作用。目前，ESG 是国家标准和检测的权威机构，实行一级管理。

1. 新加坡企业发展局（ESG）概况

ESG 隶属于 MTI，其前身是 SPRING。SPRING 由新加坡生产力和标准局（PSB）发展而来，1996 年与新加坡国家生产力委员会（NPB）和新加坡标准工业研究协会（SISIR）合并，并于 2002 年正式改名为 SPRING。2018 年 4 月，IE Singapore 与 SPRING 正式合并，更名为 ESG。

ESG 的核心任务是帮助新加坡企业的发展及帮助建立对新加坡产品和服务的信任，其具体服务范围包括：产业、国际市场、能力规划、创新创业、卓越质量等。作为支持企业发展的政府机构，ESG 在融资、能力和管理开发、技术创新和市场准入方面为企业提供帮助。作为国家标准和认证机构，ESG 制定和推广国际公认的标准和质量保证措施。此外，ESG 还负责监督一般消费品在新加坡的安全。在代表新加坡参与国际标准活动、推动国家标准与国际标准一致方面，ESG 参与了 ISO 的 34 个技术委员会、IEC 的 5 个技术委员会，并主导了 6 个国际标准技术委员会。

ESG 的愿景是助力新加坡成为一个充满活力的经济体和发展具有全球竞争力的新加坡企业；ESG 的目标是通过提升能力和获取全球机会来壮大新加坡企业，从而为新加坡人创造良好的就业机会。

2. ESG 的组织机构（标准化方面）

具体在标准化方面，ESG 履行新加坡国家标准化计划的政府职能，是通过其下属的新加坡标准理事会实现的。新加坡标准理事会立于 1969 年，由行业、专业机构、贸易和消费者协会、学术界和政府机构的代表组成，其职责包括为国家标准化提供战略性指导，全面规划标准化政策及优先发展项目，制定工作范围以及为国家标准化计划的实施提供必要指南，参与国际标准的制定和审查等。新加坡标准理事会由 11 个标准委员会，3 个协调委员会和 1 个标准促进委员会组成，负责不同行业和领域的标准研制、审查和推广。11 个标准委员会分别是生物医学与健康标准委员会、建筑与施工标准委员会、化学标准委员会、电子与电气标准委员会、环境与资源标准委员会、食品标准委员会、信息技术标准委员会、生产标准委员会、质量与安全标准委员会、服务标准委员会、贸易与互通标准委员会。每个标准委员会下设相应的技术委员会，技术委员会成立工作组，负责具体的标准制定、修订、废除及监督工作。3 个协调委员会分别是网络安全协调委员会、智慧国协调委员会和老龄产业协调委员会。上述委员会均由来自各商业行业协会、专业机构、消费者组织、政府部门和院校机构的代表组成。新加坡标准理事会组织结构及功能见图 7-6。

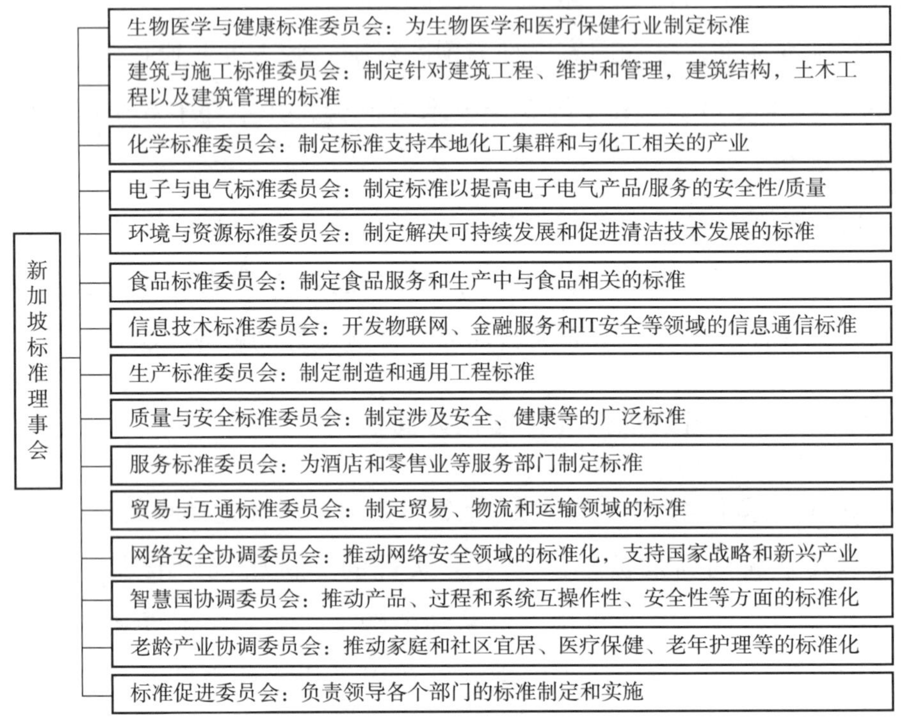

图 7-6　新加坡标准理事会组织结构及功能

此外，ESG 还指定新加坡工程师协会（IES）、新加坡化学工业理事会（SCIC）和新加坡制造商联合会（SMF）、新加坡资讯通信媒体发展管理局（IMDA）为标准发展组织，在指定标准委员会的管理范围进行制定、促进和实施新加坡标准和国际标准。这 4 个标准制定机构分工如下：

① IES 负责建筑标准委员会的标准化工作；

② SCIC 负责管理化学标准委员会的标准化工作；

③ SMF 负责管理生物医学与健康标准委员会、食品标准委员会、

生产标准委员会和质量与安全标准委员会的标准化工作；

④ IMDA 负责管理信息技术标准委员会的标准化工作。

二、新加坡标准化体系的体制和机制

1. 新加坡国家标准的分类

新加坡的国家标准分为 3 类：新加坡标准（SS）、操作规程（CP）和技术参考（TR）。它们都是关于材料、产品、程序或服务的要求规范。SS 和 CP 需要经历完整的标准制定过程，包括正式发布前需要在政府公报征求 2 个月的公众意见。但 TR 则是临时制定的过渡性文件，通常是某一产品没有可供参考的标准或制定标准时很难达成统一意见的情况下制定的，文件使用期一般不超过 2 年，旨在通过试用，积累技术经验，当技术成熟便转化为 SS。TR 不用通过政府公报的形式来征求一致性意见。2 年期满后，TR 被重新评估来决定是否升级为 SS，或者继续作为 TR，或者因不适用被废止。目前 TR 成功升级为 SS 的比例约为 25%。TR 作为国家技术文件，可为企业及时提供技术性指导，极大地提高了政府对产品质量管理的效能。

2. 新加坡国家标准的性质和数量

新加坡制定的国家标准数量很少，只有 880 多项，均属于自愿性标准，企业自愿采用。但涉及人身和动植物安全与健康以及防欺诈、环境保护等方面的标准，则通过有关法律法规的规定，将标准确定为技术法规，以法律的形式强制性采用。如新加坡《消费者保护（安全要求）注册计划》（CPS 计划）中的管制产品必须符合规定的安全标准。

目前约有 200 项 SS 被法规引用，占国家标准总数的 22%。此外，新加坡非常注重本国标准与国际标准的接轨，约有 80%的 SS 与国际标准是一致的，很大程度上提高了产品的竞争力，促进了产品的出口。

3. 新加坡国家标准的制定程序

SS、CP 的制定修改程序是：

① 新标准项目提议：企业发展局秘书处在相关标准技术委员会的协助下对新项目进行评估和批准；

② 宣布工作开始：进行标准的制定和重审之前，收集公众意见，为期一个月；

③ 制定标准草案：相关标准技术委员会下组建工作组，制定 SS 或 TR 草案，可能采用适用的国际标准或外国标准；

④ 公开征求意见（只针对 SS）：SS 标准草案公开征求意见，为期两个月，之后由标准技术委员会审批，所有公众意见均由相关标准技术委员会或工作组评审；

⑤ 批准、公报发布、出版：草案经相关委员会批准，其中 SS 还需通过政府公报发布，最后 SS 和 TR 正式出版；

⑥ 发布后的 SS 和 CP 每 5 年必须进行一次复核，确定是否需要修改、修订或废止。

4. 新加坡国家标准立法及特点

新加坡标准化立法时间早，1996 年制定了《新加坡生产力和标准局法》、2002 年修改为《新加坡标准、生产力与创新局法》，该法属于新加坡共和国的法令第 303A 章，主要规定了 SPRING 的相关职能职责。

新加坡标准化法律的最大特点是更新速度快，新加坡标准化法律颁布 30 年来已经过 25 次修正案的修订，很好地把握住了新加坡国家标准化的发展方向和时代脉搏，对日新月异的市场和经济发展起到了促进指导作用。

三、新加坡标准化战略

新加坡经济的特点是以出口经济为主，因此其标准化政策的一个出发点就是直接采用国际标准，提高产品质量，促进新加坡经济和社会的发展。1997 年，新加坡启动了促进生产力的标准实施计划（SIP），其结果表明标准化经济效益显著，从此促进了各方对标准战略作用的思考。

为了应对在标准化领域中出现的新挑战，SPRING 在 2001 年 5 月至 7 月间组织了标准化战略活动，由新加坡主要标准化利益相关方组成的 8 个特别工作组参与了这一活动。在各标准化利益相关方的支持和积极参与下，新加坡最终制定了《新加坡 2001 年标准化战略》。《新加坡 2001 年标准化战略》分别从国际和国内两个方面实施标准化，强调继续直接采纳国际标准的政策，强调通过战略领域积极参与国际的活动，保护本土企业的国际竞争力，提高新加坡在国际标准化活动中的曝光度，并充分考虑到社会各界对标准化认识普遍不到位的实际，强调加大宣传，调整国家标准机构运作模式等，强调通过标准化促进新加坡的生产力，保护新加坡的产业优势和国际地位。此后，新加坡标准化战略依据其科技发展状况和国际贸易形势不断调整。

2016 年，新加坡提出了新加坡质量和标准发展的 4 个战略。一是将质量和标准的重点放在新兴领域，例如先进制造和机器人。二是要努力建立一支高素质的员工队伍，例如与高校在内的各利益相关方合作，把质量和标准模块融入国家技能体系中，确保员工具备相关技能、知识和思维模式。三是质量和标准帮助产业转型并使新加坡深入参与国际和区域经济论坛。四是扩展新加坡质量和标准网络的覆盖范围。

第三节　新加坡认证认可体系

新加坡是典型的外向型经济，随着国际贸易的发展，工业界对合格评定、实验室认可的需求越来越多，为保障认证认可机构是内行的、称职的和稳定的，新加坡成立了认证认可服务机构。这些机构主要隶属于新加坡的政府部门。

一、新加坡认可体系

新加坡实验室认可机构（SINGLAS）最早在 1986 年由当时的新加坡标准与工业研究所（SISIR）发起。1996 年 1 月，SINGLAS 与澳大利亚国家检测认证中心（NATAS）、Telerc（新西兰国际认证 IANZ 的前身）、A2LA、香港实验室认证计划（HOKLAS）签署双边协议。同年 10 月,新加坡认可理事会（SAC）成立，并且 MTI 与当时的新加坡工业联盟（SCI）签署备忘录，推行品质管理体系认证计划。此后，SAC 便成了新加坡独立的权威合格评定机构，隶属于 MTI 领导下的 ESG。SAC 的组织结构图见图 7-7。

SAC 的主要职能是开展与合格评定相关的服务，包括：各类实验室认可服务、检验机构的认可服务、认证实体/审计机构的认可服务、

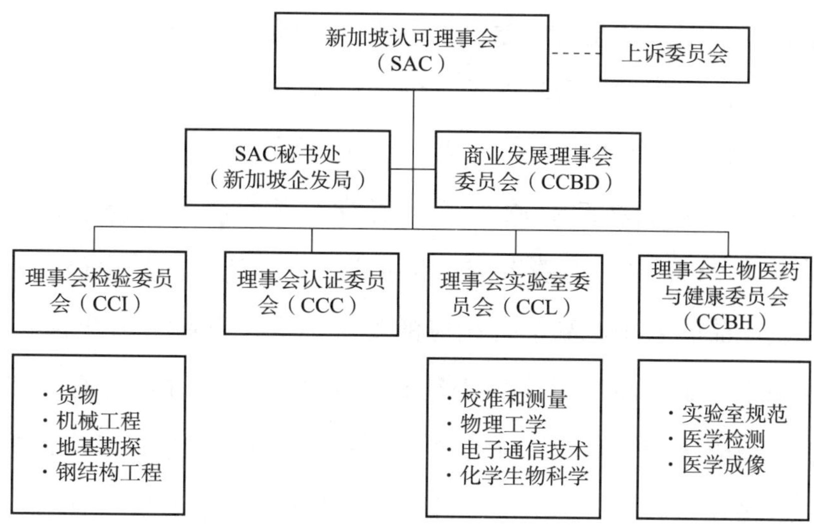

图 7-7 SAC 组织结构图

实施新加坡实验室良好行为计划、提供合格评定培训等。SAC 的愿景是成为本地及全球优质产品及服务的可靠合作伙伴，其使命是提供一个稳健认可体系并使新加坡企业得到国际认可。此外，SAC 还通过加强新加坡的合格评定技术基础设施、支持一致性实践、持续改进合格评定标准、与贸易伙伴达成互认协议等战略，来建立国际市场对新加坡产品和服务的信任。

二、新加坡认证体系

消费者保护计划、PSB 认证和 IMDA 认证是目前新加坡最主要的认证管理制度。

1. 新加坡的消费者保护计划

为保护消费者安全，新加坡政府针对包括家用电器、音视频产品、家用电脑、固定照明电器、插头插座以及液化石油气系统部件等管制产品，颁布法规实施消费者保护计划，分为2部分内容：

（1）《消费者保护（安全要求）注册计划》

2002年，新加坡政府颁布了《消费者保护（安全要求）注册计划》代替1991年的《消费者安全保护规定》，其目的是通过确保被指定为管制产品的家用产品符合相应的安全标准，以保护消费者的利益。该计划规定管制产品的供应商必须到安全授权机构进行注册，45大类的管制产品应以SPRING认可的合格评定机构或新加坡认可协议签约国家中的合格评定机构颁发的合格证书为依据，并粘贴安全标志，方可在新加坡上市。

（2）《消费者保护（消费品安全）条例2011》（CGSR）

为进一步增强对消费者和儿童健康安全的保护范围，MTI授权SPRING颁布和实施《消费者保护（消费品安全）条例2011》，该条例于2011年4月1日正式实施，凡不符合该条例安全标准要求的产品将勒令停止在市场上销售，并根据情节严重程度给予警告，公示或处罚。

2. 新加坡PSB认证

新加坡PSB集团公司成立于2001年，其前身是1996年由NPB与SISIR合并而成的PSB，现作为ESG的一个重要部分，是新加坡最大的认证机构。

PSB的检测集团可提供广泛领域的产品检测、认证和检验。产品检测范围从医疗设备、家用消费品、化学材料到电气产品。2002年4月，PSB检测集团被政府授权对45种产品（家用电器类、信息技术IT类、电子娱乐产品类和安全变压器等类产品）开展安全标志的认证。同时，还承担了对列名计划产品（主要为防火/消防类产品）开展认证；以及为联合国提供有关危险品运输包装 UN 标志的检测和认证业务。2006 年 3 月，PSB 集团被德国 TÜV 收购，成为其在亚洲开展检测服务的总基地。此外，PSB 作为国家认证机构，早在 1991 年就加入了 IEC 授权的电工产品合格测试与认证组织（IECEE），可以就电线电缆、家用电器、电子、信息技术、照明产品、医疗、测量仪器、安装附件、安全变压器等 12 类产品颁发电工产品合格测试与认证（CB）证书。同时也认可国际 43 个国家颁发的 CB 测试报告。

3. IMDA 认证

新加坡负责监管电信产业的法定机构是新加坡新闻、通讯及艺术部下属的新加坡资讯通信发展管理局（IDA）（IMDA 的前身）。该机构依据《电信法》《电信（等级许可证）法规》等法律法规对电信设备的进口及销售进行监管。此外，IDA 发布了《许可证计划指南》《电信设备注册指南》等工作规范和指南文件，向电信设备供应商说明经销商许可证以及电信设备注册所需要进行的程序和必须符合的要求。

2010 年 4 月之后，除被禁的电信设备或 IDA 规定的设备外，其他电信设备在进口前无须获得批准，但应符合新加坡的进口程序规定。被禁止的电信设备包括：扫描接收器、军用通信设备、电话语音变化设备、用于任何频段的无线电通信干扰设备等。2016 年 10 月，根据《信息通信媒体发展管理局法案》，IDA 和媒体发展管理局（MDA）正式合并为 IMDA，IDA 认证变更为 IMDA 认证。

第四节 新加坡国家质量基础设施建设的经验与启示

一、新加坡计量及科技体系经验启示

1. 把发展计量科学和科技创新体系作为促进国家经济战略升级的动力

新加坡明确科技创新是扩大资源基量和提高资源利用效率，驱动国家经济发展的核心驱动力量，并把科技创新作为国家战略进行部署，紧跟世界经济发展前沿并结合自身优势，发展知识密集型经济。这种充分利用科技创新推动社会经济发展，为企业提质增效服务的发展模式，对促进我国经济发展模式从“人口红利”型向“智力红利”型转变，提升我国经济发展质量和国民生活质量，具有重要借鉴意义。

2. 构建政府主导、市场主体、多方共同参与的共治环境

针对科技创新不确定性高、研发周期长、失败风险大的问题，新加坡政府积极谋划科技创新计划，并在重大科技创新项目上发挥主导作用。此外，新加坡政府在科技创新发展中，十分重视引入市场机制并允许多方共同参与研究，借助金融等渠道的价值发现、筹集资金、风险管理等功能对科技创新提供支持，使研究能顺利通过实验室技术、样品、大规模生产、市场认可等过程，最终可以改善国家的生产和生活方式。这种多方参与的共治环境，既有利于政府主导力量的发挥，还能提供资源配置效率，并有助于科研创新成果及时转化为社会

经济效益。

3. 建立完善、开放的法制和制度保障机制

新加坡国家法律和相关制度能够与时俱进、更新迭代，以适应不断发展的新科技、不断涌现的新事物以及复杂多变的国际商贸竞争。并且，新加坡政府以开放的态度不断加强与国际组织和机构的交流与合作，积极参与国际规则的制定。适时更新法律制度以及与国际社会的畅通交流，对适应世界经济及商贸环境变化、建立国际互认和争夺话语权十分有益。

二、新加坡标准化的经验启示

1. 标准制定具有针对性

新加坡作为东南亚小国，其国家标准制定不追求大而全，而是将更多的精力放到发展本国特色产业标准及保障安全的标准上，如食品、会展等标准；在其他方面则直接采用国际标准和国外先进标准，避免了重复劳动，既保证了本国产品和服务的质量，又能使进口产品和服务满足安全要求。新加坡标准化工作的目的和重点十分明确，有效减少了贸易争端和壁垒，促进了本国国际贸易发展；同时还提高了本国特色产品和产业的国际竞争力，促进了中小企业发展和国际竞争力的提升。

2. 注重标准的应用

新加坡的标准化注重促进标准在行业的应用，由各政府部门互相

协调，与第三方机构、专业机构、IT 行业共同努力达成目标。新加坡标准化目标包括促进教育标准、化学标准、食品标准、管理标准等的应用，从而提高经济和企业竞争力。新加坡在没有可供参考的标准或制定标准时很难达成统一意见的情况下制定 TR 文件，文件使用期一般不超过 2 年，旨在通过试用，积累技术经验。此类贴近应用的标准更新速度快，能帮助新加坡在标准制定中处在行业和国际前沿地位。

3. 标准发展紧跟科技发展和时代潮流

新加坡积极地参与到制定国际化标准的进程中，注重本国标准与国际标准的接轨，尽可能鼓励企业和政府采用国际标准和国外先进标准，通过采用世界上先进的标准，为出口和国际贸易提供了便利，促进了经济和社会的发展。同时力争通过使用先进的技术标准，增强国民的安全性，提高人身健康和环境质量水平，提高企业的竞争力，保护消费者的利益。此外，新加坡新制定的标准目前已经向智慧城市、人工智能等高科技领域进军，新加坡的高科技产业在标准帮助下成为新加坡经济发展的中流砥柱。

4. 积极参与国际标准的制定

新加坡紧跟国际标准发展步伐，直接参与 ISO、IEC 等标准化组织标准的制定，ISO 亚洲办公室设在新加坡，在国际标准化发展上具有一定的话语权。在过去的 50 余年里，ESG 与 1600 多个标准合作伙伴合作，建立了 200 多个标准委员会、技术和工作小组。

5. 坚持标准化机构改革，贴近市场并扶持企业发展

新加坡政府一直坚持标准化机构改革，不断整合标准化机构，提高标准化机构的工作范围和效率。新 ESG 整合了 SPRING 与 IE Singapore

的业务专长和国际网络，提供一站式服务，为新加坡企业在转型升级以及拓展海外业务等方面提供协助，同时继续推动国际贸易发展，提供更完善的服务，这对规模较小的起步公司尤其有利。我国标准化机构职能分散，通过改革标准化机构，加大标准化工作的投入力度，才能更好地促进我国标准化发展。

6. 标准化法律与时俱进

新加坡标准化法律更新迭代迅速，有力地保障了新加坡标准化工作的开展，使新加坡在几十年来复杂多变的国际商贸竞争中保持了优势地位，这对我国标准化法律有很大的启示。我国也应与时俱进，开拓创新，继续坚持对标准化法律法规进行改革和修订，以适应国情发展和客观条件的变化。

三、新加坡认证认可经验启示

新加坡成立有专门的认证认可服务机构，这些机构隶属于 ESG 等政府部门。这些认证认可服务机构有力支持了新加坡的外向型经济，保证了新加坡产品、服务的国际认可度和声誉。总结起来，以下方面对我们有借鉴意义。

1. 政府主导认证与认可体系

新加坡认证认可体系主要由政府主导。政府是认证认可法律、制度等的设计和协调者，也对认证认可服务负有监管责任。这种政府主导的模式，有利于更好地保护国内消费者权益，提高进口产品与服务的质量，还能集中力量发展有实力的认证认可机构，提高本国 NQI 的服务能力。政府主导为认证认可机构参与国际合作、互认和竞争提供了支持，提高了新加坡产品和服务的国际认可度和信誉。

2. 市场化、国际化程度高

新加坡政府在主导认证认可服务的同时，还为认证认可机构参与国际认证认可组织提供大力支持。并且，新加坡也积极鼓励企业、科研机构、高校、外资等参与到认证认可制度建设中，保证了认证认可制度的专业性、高效性及灵活性，很好支持了新加坡的知识密集型外向经济。新加坡国家认证机构 PSB 集团，于 2006 年被 TÜV 收购，成为其在亚洲开展检测服务的总基地，从这一例证可以窥见新加坡政府推行国际化、市场化发展的坚定决心。

3. 法律更新迭代及时

新加坡的法律的修订或更新很快，这对新加坡企业不断创新、适应世界经济及商贸环境变化的提供了宽松环境。构建一个完善、有效和高效的法律体系，并根据各方利益和社会变化不断发展法律体系，能为规范和促进质量服务机构的服务能力、响应企业和适应市场环境变化、促进经济转型升级提供一个友善的法律环境。

第八章

CHAPTER 8

发达国家质量基础设施建设的启示与建议

第一节 发达国家质量基础设施建设的启示

由于每个国家经济发展水平不同，体制机制各异，因而 NQI 的建设也存在一定的差异。各国的 NQI 建设均经历了从分散到统一、协调、融合的过程，并且各国更注重战略性、创新性、国际化的发展。通过 NQI 技术能力的提高来提升本国国际竞争力成为各国普遍遵循的质量战略。纵观国外发达国家 NQI 的建设，主要有以下几点经验。

一、布局出台前瞻性国家质量基础设施战略，引领高质量发展方向

许多发达国家都将 NQI 上升为国家战略，对国家未来的质量发展和竞争力提升进行远景规划设计和部署。如欧盟早在 1999 年就制定了全球第一个标准化战略，随后美国、日本、英国、德国等国家先后制定和发布了本国的标准化战略，突出标准化对本国经济发展的战略地位，强化本国标准在国际标准竞争中的重要地位。美国国会颁布了质量促进法案，在国家层面设立计量、标准等重大支持专项，其中把计

量、标准纳入国家全球战略。《美国宪法》第一条第八款中规定，国会有权制定度量衡的标准。德国实施“以质量推动品牌建设、以品牌助推产品出口”的国策，其中计量发挥了重要的支撑作用，标准对国民经济增长的贡献率达到30%以上。《德国宪法》规定，德国联邦对度量衡以及时间标准制拥有专有立法权。日本成立了标准化事务战略本部，由首相担任本部长，亲自主持制定日本国家标准化战略。虽然日本由3个部门分别制定国家标准，但在国家层面成立了由首相本人亲自担任负责人的高层协调机构，统筹协调国家标准化工作，日本经济产业省负责统一管理技术法规、标准及合格评定工作。韩国提出了国家质量经营战略框架，在其《国家标准化法》的基础上成立了NSC，总理担任理事长，隶属于韩国知识经济部的KATS负责统一管理标准化、合格评定和计量工作，制定发布标准政策和国家标准，承担NSC秘书处日常工作。

二、加大创新投入，促进质量基础设施与新技术革命有机结合

NQI是一项投入高、周期长、辐射效应广的体系，强有力的财政投入是加快推进NQI建设的重要保障。各国普遍高度重视加大NQI投入，并通过各种手段将NQI科研工作和新技术革命有机结合。

近年来，全球新一轮科技革命和产业变革方兴未艾，广泛渗透到社会的各个方面，成为重塑世界格局、创造人类未来的主导力量。在计量领域，全球一致的国际计量体系正在形成之中，国际单位制重大变革、计量量值传递溯源扁平化，将全面采用量子计量基准，大幅提高测量精度和稳定性，带来诸如工程极值量校准技术、大型测试系统

校准技术、现场校准技术、在线校准技术、原位计量技术等许多新的计量需求，通过量子计量基准与信息技术的结合，使量值传递链条更短、速度更快、测量结果更准更稳，实现先进计量技术直接应用于生产实践。欧盟的“欧洲地平线2020”科研资助框架项目，有专门经费支持计量。欧盟委员会正式提交了下一个7年（2021年至2027年）的科研资助框架。该项目的临时预算约为1000亿欧元，是欧盟历史上最大手笔的科研资助费用，重点关注基础研究、创新和社会重大问题领域。

随着国际竞争日益激烈，各国为提高质量竞争力，不断加大对NQI的投入力度。美国政府非常重视NIST等科研机构建设，由商务部直接管理，并接受联邦政府的业绩评估和效率评估。NIST经费主要来自联邦政府，同时又承担着政府的固定职责和任务，保证了政府战略目标的开展。NIST在计量、标准领域和共性技术研发领域的绝对权威，便于推进产业共性技术研发力量的有效整合与服务开展。近年来，在政府整体预算下降的情况下仍保持了NIST预算经费的有效增长，同时，NIST鼓励科研人员积极参与有关标准的制定活动，把参与制定和采用自愿性标准作为转让NIST研究成果的主要手段，并把参与事关国家重大利益的标准化活动中遇到的技术难点和协调中的潜在矛盾，列入NIST优先研究项目中。由此建立了科研工作的有序循环和良性互动机制，既为NIST研究成果的转化、推广应用开辟了最佳出路，又为NIST选择重大研究项目提供了来源。

英国于2011年发布《国家计量体系战略（2011—2015）》，在2011—2015年这5年内，政府投入2.4亿英镑加强NMS建设。

日本在技术标准和技术研发的协调发展上，从以下2个方面进行推进：一是以标准化促进科技研发工作。实现商品化的同时实现标准化是极其重要的。在技术研发阶段，就确定形成标准的形式和类型。

二是发挥技术基础研究机构在标准化活动中的作用。支撑科技创新离不开大量的技术基础研究工作，例如计量标准、化学物质安全管理、材料等领域研究机构的很多活动都与标准化密切相关。日本政府鼓励这些机构通过标准化活动，将大量测量与评价所积累的数据和成果进行有效利用和推广。

三、积极发挥市场主体的作用，提高国家质量基础设施系统的效率和活力

国外发达国家充分发挥市场主体在NQI中的作用，市场机制是NQI资源配置的决定性因素。

在计量领域，美国、英国、德国等发达国家都是政府主导科学计量及法制计量。政府负责提供测量基础设施、质量基础设施，维护测量标准的计量溯源性，确保测量基础设施融入全球一致的计量体系内，同时，各国积极开放本国校准服务市场，鼓励民间资本进入，充分利用社会资源满足市场的计量校准需求。

对于校准服务以及对于日常检验检测中使用的测量标准，通常随着应用领域和场合而具有不同的“公共–私人”物品特性。日常测量标准的供给需要根据应用领域和场合进行区分，进而合理界定政府与市场的角色。对于非排他性和非竞争性的公益性日常测量，如空气质量监测以及某些公共场合的测量服务，主要由政府支持。对于大量具有竞争性和排他性的测量，则主要由市场提供。在这种场合，私人收益可以弥补研发成本并获得营利，公共投入会对私人投入产生“挤出效应”，导致私人资本的削减，造成市场的萎缩。政府应该承担的职责是提供良好的政策环境（如税收优惠政策等）和必要的基础设施，引导、

鼓励、扶持私人企业的研发行为，充分发挥市场的作用。

英国通过 UKAS 的认可和管理工作，以及相应的一系列政策支持，使得产业界自主开展的测量活动约为公共部门测量活动的 10 倍。NIST 作为美国标准与测量研究的国家级研究机构，主要开展高水平的标准物质研制。供日常检测之用、市场效益好的标准物质，基本上是交给市场来完成，NIST 只在其中起到必要的技术支持的作用。

在标准化领域，国外发达国家的标准化体系一般由国家标准和社会团体标准构成。除国家标准外，都有体系比较健全、数量庞大的社会团体标准，二者之间具有良好的联系协调机制。社会团体均可受政府委托，承担具体起草标准的工作，政府也可将社会团体标准转化为国家标准。美国和欧盟等国家的民间组织所制定的团体标准是其国家标准化体系的基础，在全部标准中占据了绝大部分比例，但涉及国家利益的标准由政府进行协调和管理。

在检验检测领域，欧美等发达国家在检测机构的管理方面，普遍严格按市场经济运行和发展需求，对检测机构进行科学定位和重点监管。在检测机构的定位上，基本上能够实现政府行为和社会中介行为的有效分离，通过建立政府实验室和第三方检测机构制度进行科学分类管理，对涉及公益、安全性和风险度高的产品由政府实验室提供检测服务，其他产品的检测实行放开政策，主要采取市场化方式，由第三方检测机构根据市场经济发展要求从事委托检验工作。政府实验室的主要任务是法定检验和公正检验，在履行法定检验和公正检验的基础上，可以接受委托，对市场化检验检测结果予以监督管理和抽样检查，其运行完全由相关政府主管部门予以全额支持，人员管理参照政府公务人员。

工业发达国家的政府一般不直接干预检测机构的经营发展，主要着力于支持标准化体系的制定、标准技术的研发、大型共性检测仪器和标准物质的研制、基础检测数据库的建立以及信息平台的搭建。市场化第三方检测机构在公平的市场竞争环境中自由发展壮大，根据市场需求，由相关投资方出资设立，市场主导资源的有效配置，紧密贴近区域经济社会发展服务，积极参与市场竞争。政府一般不对其经营管理进行直接指导，仅开展相关产品技术标准法规的制定和颁布，并逐步引导市场化第三方检测机构按照国家标准进行运行和对外提供检测服务，对技术服务能力强、诚信状况良好的检测机构给予资金支持，开展政府委托抽样监督检测。

在认证认可领域，工业发达国家的认证机构大多衍生自或者依托于标准化组织、技术协会或检验检测机构，这些机构不仅具有较强的专业水平和社会公信力，有些也具有较强的资产实力。例如英国负责国家质量认证工作的机构是BSI，德国TÜV认证的前身是技术监督协会，法国必维（BV）、英国天祥（INTERTEK）等是由检验检测机构发展而来的。目前，这些认证机构快速向规模化、品牌化方向发展，集中度高。以美国UL、德国TÜV、英国BSI、日本JQA等为代表的规模较大的龙头国际认证机构历史较长，分支机构遍布50多个国家，营业额占世界认证营业总额的近一半。

四、强化共性技术的研究与推广，激发产业创新活力

发达国家的发展经验表明，共性测量标准一般由国家计量实验室和领域参考实验室保持和发展。建立并巩固这些实验室是提高行业（领域）共性测量能力的有效手段，如NPL、NIST等在其国家预算的大力支持下，使这些实验室结合科技发展和产业界的实际需求，致力于基础测量技术和前沿测量手段的研发（如一级标准物质的研制、新

材料测量技术的研究、高精尖分析设备的开发等），从而为本国测量技术的发展奠定坚实的技术基础。同时，英美等国还投入大量资金，通过国家实验室推动基础测量技术在产业界的应用（如英国的 NMS 知识转移计划）。

在共性技术的研究和推广方面，发达国家的质量和标准研究机构往往发挥了不可替代的作用，如美国《1998 年综合贸易与竞争力法案》指出，要充分发挥 NIST 作为政府领先实验室以支持美国提升工业质量及竞争力的作用，对改组后的 NIST 的定位是：提供测量、校准和质量保证技术，提升产品的可靠性，改进制造工艺，提升美国工业竞争力，支撑美国商业发展，并改善公共安全。此后，NIST 在保留原有计量和标准服务的基础上，增加了从事共性技术研发和促进科技成果产业化等功能，实现了计量、标准与技术研发的有机结合，起到了相互促进、相互推动的作用。计量和标准服务能够使 NIST 更加了解技术市场的需求，使研发更有针对性，而其在计量与标准上的权威性，使 NIST 实验室的技术研发或所资助的企业研发，能够迅速在市场上实现产业化，并在全国进行推广。从这个意义上来讲，NIST 不仅是一个共性技术研发平台，也是一个承担政府职能的机构，或者说是政府职能有效延伸的研发平台。这一经验对于我国建设产业共性技术研发平台具有借鉴意义。

美国 NIST 注重服务，提供全面的解决方案，对产品和技术进行创造、改进、商业化，获得更高的生产力和竞争力，从而促进创新密集型经济增长。NIST 支持霍林斯制造业的 MEP，通过全国 60 个中心，帮助制造商了解、采纳和应用新技术，从而提高生产力、性能、节约成本、减少废物以及创造和保持制造业工作机会。MEP 还充当战略顾问的角色，推动商业发展和创新，并将制造商与提供市场扩展、流程开发、劳动力培训等服务的公私资源联系起来。MEP 通过新工具和服务，对试点项目的结果进行宣传，从而促进中小型制造商的技术发展。服务类相关项目有：①促进技术转让；②国家创新市场（NIM）；③出口援助项目（Expor Tech）；④经济、能源与环境（E3）；⑤美国制造；⑥创新工程等。

大企业由于其市场份额上的优势，常常使其在技术创新和使用方面没有太大的积极性，而其本身的体量和层级式的组织结构又在一定程度上使技术创新受阻重重。而中小企业一般是市场的弱者，具有强烈的创新冲动，但是苦于缺乏资金和技术来源，往往有很多好的思路和想法难以落到实处。NIST 的 TIP 和 MEP 都明确把资助和服务对象定位在中小企业，这对于研发资金匮乏、技术竞争力较弱的中小企业来说无疑是一杯甘泉，在很大程度上弥补了它们自身资金和技术的缺陷。这样，不仅刺激了中小企业的技术创新活动力，同时也给大企业造成压力，为了保持其技术上的领先者地位，迫于压力的大企业也必须拿出部分资金用于研发，从而起到了一举两得的效果，激活了整个产业的研究开发与技术创新活动力。

五、建立完善的法律法规体系，创造良好的制度环境

国外发达国家大都制定了完善的国家质量基础法律法规体系，并且能够根据社会经济以及国际贸易竞争态势的变化及时修订，以满足相关要求。如《美国宪法》、法典专门规定了对度量衡、测量的管理，《美国法典》专门有 NIST 章，规定了 NIST 的地位、职责职能等，并于 1996 年2 月美国国会批准了 NTTAA。该法案强调了技术创新对推动经济发展的重要作用，明确了 NIST 协调标准和合格评定，规定了政府在采购和立法中使用标准并参加标准的制定。NIST 和 ANSI 于 2000 年 12 月

签署了《谅解备忘录》，进一步明确两个机构在标准化管理方面的职能。日本早在1949年就颁布实施了《JIS法》，随后又于1950年颁布实施了《日本农林产品标准化和正确标签法》，并且这两部法律分别都有一系列配套的省令和政令。建立了完善的标准化法规体系。《JIS法》自颁布实施以来，经过了多达16次的修订，其中最多的一年修订3次，可见日本非常重视标准化法对经济和贸易发展的适应性。

六、强化国家质量基础设施国际合作，提升本国产业的国际竞争力

通过国际合作加强NQI的互联互通，从而促进本国的对外贸易和提升本国企业的国际竞争力是发达国家普遍采用的国际化战略。NQI中的计量、标准和认证认可、检验检测都有相关的国际组织。欧美等发达国家在这些组织中具有重要的地位和作用，主要体现在担任重要职务，承担秘书处工作以及较高的计量技术能力水平，比如主导计量比对、互认的校准测量能力CMC等。在标准领域，德国、美国、英国、日本等发达国家承担的国际标准化组织技术机构秘书处超过67%，主导制定国际标准达95%。

美国在国际标准化组织中发挥着重要作用。美国积极参与国际标准化活动，尽最大努力将本国标准推向国际化。ISO现有255个技术委员会和542个分技术委员会，其中美国负责99个技术委员会的秘书处工作。此外，美国还作为562个技术委员会的积极成员和25个技术委员会的观察员参加国际标准活动。在国际标准化组织信息技术标准化委员会（ISO/IEC JTC-1）所属的17个分技术委员会中，美国就负责7个秘书处的工作。美国还是CASCO、COPOLCO和发展中国家项目委员会

（DEVCO）的积极成员。无论是在 ISO 还是 IEC，美国在技术委员会及分技术委员会秘书处所占的比例都居世界前列。对于 ISO 和 IEC 制定的标准所不能涉及的技术或应用领域，在某些情况下，美国制定的标准能填补空白，并符合行业和其他用户的需求。

德国在国际和欧洲标准化领域一直处于领先地位。DIN 是 ISO 理事会第一组成员（常任），仅次于美国。DIN 不仅承担了大量 ISO/CEN 技术委员会秘书处的工作，而且还在 ISO/CEN 的管理层发挥着非常重要的作用。截至 2010 年年底，DIN 承担 ISO/TC/SC 秘书处 130 个，占 ISO 秘书处总数的 19%；承担 CEN/TC/SC 秘书处 110 个，占 CEN 秘书处总数的 29%。PTB 参与的国际标准化项目达 312 个，其中参与的 ISO 项目达 19%、IEC 项目占 22%、CEN 项目占 10%、OIML 项目占 9%、CENELEC 项目占 3%、欧洲法制计量组织项目（WELMEC）占 2%、其他项目占 35%。

在认证认可领域，工业发达国家主导的区域性和国际性认证认可合作组织相继出现，在促使各种认证结果相互承认、促进国际贸易方面发挥积极的作用。这些国际组织包括 IAF、ILAC、国际审核员培训与注册协会（IATAC）、太平洋认可合作组织（PAC）、EA，以及以认证机构为参与主体的代表性国际组织——国际认证联盟（IQNet）等。

在检验检测领域，工业发达国家检验检测认证机构的集团化、全球化发展已经成为普遍趋势，涌现出了 SGS、ITS、TÜV 等一批跨国集团。上述集团通过大规模并购，实现检验检测认证机构国际化。例如，ITS 近年来营业收入每年以 20%的速度增长，利润以 22%增长，其成功的关键也在于并购。根据摩根士丹利的研究显示，2002—2007 年企业并购平均每年推动 ITS 的收入规模提升近 5 个百分点。又如，SGS 通过并购活动把年收入平均拉高 7 个百分点。这些集团在获得巨额利润的同时，也深刻影响着发展中国家的产业质量技术基础。

第二节　优化我国质量基础设施的对策建议

综上可以看出，各国 NQI 管理体制及运行模式虽各具特点，国情及发展历程有所不同，但其经验对我国都具有重要的启示。高水平的计量、标准、合格评定水平是 NQI 的基础，前瞻性的战略为 NQI 提供有效引领，政府、市场有效分工配合的体制机制是 NQI 高效运作的关键，完善的法律法规体系是 NQI 的保障。当然，NQI 的构建必须结合已有基础，体现特色、发挥优势。基于上述研究，我们提出以下对策建议。

一、加强对国家质量基础设施的战略研究和部署

许多发达国家都将 NQI 上升为国家战略。欧盟早在 1999 年就制定了全球第一个标准化战略，随后美国、日本、英国、德国等国家先后制定和发布了本国的标准化战略，突出标准化对本国经济发展的重要作用，强化本国标准在国际标准竞争中的重要地位。为了抢占产业发展制高点，工业发达国家十分重视产业质量技术基础在支撑产业发展中的关键作用，纷纷完善产业质量技术基础的管理架构，健全法律法规体系，制定相应的国家战略，支撑质量技术基础的发展，将夯实产业质量技术基础提升到国家战略的高度。这些战略对政府、行业、企业、科研机构等都具有约束力，成为举国共同遵守的行动纲领。

此外，发达国家的 NQI 战略研究不是停留在 NQI 本身。美国 、英

国等国家通过 NQI 的建设，不断推进测量科学、制定标准方案和测试方法，评估数据，为产品和系统之间形成互通性的基础，开发新材料、推动创新、发展先进制造业。美国、英国等国家近几年重新布局“再工业化战略”，投入巨资启动了物联网（智慧地球）和云计算等高新技术的研究，以求重振强大竞争力的新工业体系，继续保持世界创新领导者的地位。美国国会颁布了质量促进法案，在国家层面设立计量、标准等重大支持专项，把计量、标准纳入国家全球战略。德国实施“以质量推动品牌建设、以品牌助推产品出口”的国策，计量发挥了重要的支撑作用，标准对国民经济增长的贡献率达到 30%以上。

与之相对，NQI 作为一个整体性的概念，2015 年开始才引起我国主管部门的关注。为推进我国 NQI 的科技创新，驱动我国经济社会发展的质量提升，2016 年科技部会同 13 个部门，启动了国家重点研发计划“国家质量基础的共性技术研究与应用”重点专项，围绕计量、标准、合格评定（检验检测和认证认可）和典型示范应用这几个方向进行了部署。重点围绕落实党中央新部署的重大战略任务、解决制约产业发展的“卡脖子”问题、经济社会发展中的重大质量共性技术问题和加强质量基础共性技术的集成应用等方面开展研究。截至 2019 年，共资助计量、标准、检验检测专项 176 项，其中 2016 年立项项目 45 项，2017 年立项项目 75 项，2018 年立项项目 40 项，2019 年立项项目 16 项。

此外，2014 年中国工程院、工业和信息化部、原国家质量监督检验检疫总局组织启动了“工业强基战略研究”重大咨询项目，重点研究关键基础材料、核心基础零部件/元器件、先进基础工艺、产业技术基础的建设与发展，从国家战略的高度进行政策设计，制定行动计划。该项目将“质量技术基础战略研究”列为项目专项课题，标志着我国 NQI 的整体研究工作正式启动。2018 年，原国家质量监督检验检疫总局、国家标准委委托中国工程院开展“中国标准2035”重大项目，旨在为制定我国实施标准化战略的纲领性文件提供支撑。上述研究成果为我国NQI的发展提供了重要理论支撑。

但总体而言，国家重点研发计划重在解决具体的技术问题，目前仍缺乏对我国NQI整体发展方向进行的战略性研究。加强对NQI整体战略的研究和部署，对于形成统一协调的质量发展政策纲领、完善协同高效的体制机制、推进我国经济社会的高质量发展至关重要。

二、制定并推动实施协调高效的国家质量政策

质量政策可被视为一组由一个或多个政府机构在某一统一视角下通过的相互关联的决定和承诺，其目的是实现某一特定而又明确的质量竞争和公共保护。质量政策的作用是提供一个透明和非歧视性的框架，以连接和巩固其他国家政策，包括适当定义NQI角色及其责任。随着含糊且不一致的政策被识别和处理，制度上的差异和失调也会变得更加明显，这使得改善资源分配与提升可持续发展成为可能。基于对比国家和/或区域质量基础设施的实际需求与现有水平、国际公认的要求与正在运行的水平而获得的理解认识，NQI组织能力差距和职能的重叠可以得到确定，而旨在通过加强NQI的能力和/或职能来弥补以上差距的活动也应积极考虑并适当利用区域质量基础设施的组成部分。这样的考虑也将有助于找到进一步加强区域和全球一体化的解决方案，并鼓励与已确立的NQI最佳实践和原则更加一致。

同时，国家质量政策并不是孤立存在的。产业政策、贸易政策、科技政策、环境政策、食品安全政策、消费者保护政策等都是有关质量的规定，但这些政策并没有提出NQI的整体框架，也没有对NQI达

成共识。国家质量政策将以上这些重要政策中包含计量、标准、合格评定和技术法规等规定的措施关联起来。制定国家质量政策将为一个国家全面审视其他政策中提到的质量问题，修改或更改那些可能不符合国际准则的政策提供了难得的机会。

UNIDO 提出的国家质量政策包括政策愿景、政策目标、政策措施和政策结果等基本要素。质量政策及实施计划见图 8-1。

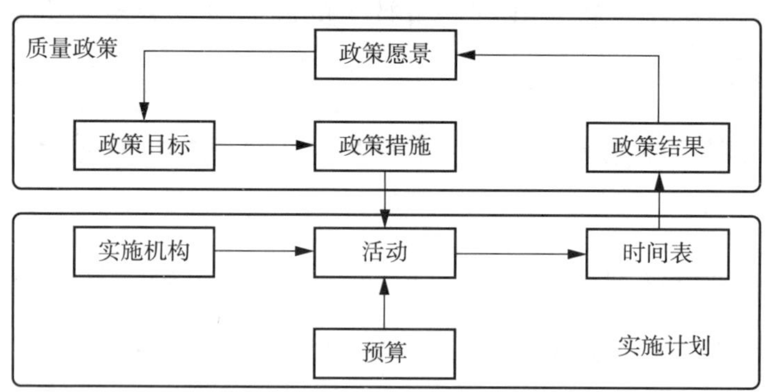

图 8-1　质量政策及实施计划

质量政策愿景是在特定实施周期结束前质量政策所要实现的内容，它有时也被称为政策实施的总体影响。政策愿景或目标需要清晰地表达，既具挑战性，又具可实现性。一个篇幅短小、内容简洁且引人注目的政策愿景有助于集合所有利益相关方的努力来了解政策最终所寻求实现的目标。因此，政策愿景应该成为所有质量政策目标、结果和措施的集合点。

政策目标是在质量政策实施期结束前为国家、社会或环境利益所应实现的目标。政策目标是通向质量政策愿景的垫脚石。具体来说，以上政策目标包括新基础设施、新制度、新过程或程序、新获得的知识、提高的技能、更好的就业机会或改变的态度。为了不稀释质量政策实施的重点，最好将政策目标限制在 4~5 个主要目标范围之内。

政策结果是质量政策实施后将达到的目标。为实现质量政策愿景或目标，政策结果应当是具体、可测量、可实现、以结果为导向和有时间限制的。

政策措施是实现质量政策结果或目标所需的具体行动。因此，不应孤立地看待政策措施，而应始终与 WTO/TBT、SPS 和 TFA 保持一致。政策措施所处理的问题、挑战或事项通常被视作是实现整体政策愿景或目标的障碍。因此，政策措施将成为质量政策具有指导性的输出。这些政策措施（内容）是确定措施得以实现所需采取的具体行动步骤的基础。这些步骤在质量政策实施计划或战略中有详细说明。总而言之，与政策措施相关的部分将是质量政策文档中最详细的部分。

尽管我国的 NQI 已历经多年发展，但由于缺乏一套总揽全局的 NQI 领域的国家政策原则，其实际发展过程是以一种非结构化的方式进行的。这导致了职能和职责的重叠，技术能力和产能之间的非预期差距或不必要重复，应有和实有能力之间的差距常常会阻挠甚至可能会实质性地阻碍与贸易有关的倡议及其发展。同时，由于早期我国建立的计量、标准、合格评定的体系明显受到苏联模式的影响，带有明显的计划经济特征。在由计划经济转向市场经济的过程中，美国、英国、德国、日本、韩国等提供了一些可供借鉴的经验，但如何立足本国国情，在借鉴发达国家的经验基础上形成推动高质量发展的国家质量政策，仍是具有挑战性的任务。

质量政策应提供共同的远见和明确的战略方针，以便协调国家和区域质量基础设施机构在经济社会发展、国际贸易和其他方面的共同努力，同时确保将质量政策及其实施机构、质量服务提供者、企业、市场与消费者等不同角色之间的责任进行适当分离。同时，有必要从根本上重新审查和调整本国的 NQI 制度，使之与国际贸易体系更有效地衔接起来，并从区域间和区域内的贸易协定中获得更大的利益。具体而言，制定我国的国家质量政策应包含以下内容：①科学设计 NQI 治理体系。建立并完善符合国际规则和国情的 NQI 国家机构，打破各自为政局面，促进 NQI 各要素之间的融合。②修订完善相关法律法规。尽快修订《计量法》，规定国家计量机构的法律地位和法定职责。③科学厘清政府干预边界，确定政府干预方式。减少和避免行政审批干预措施，实施自我声明等市场化监管方式。④促进 NQI 运行的市场化建设。放开计量校准、团体标准等领域，促进法定技术机构的市场化运作。

三、推进和深化质量基础设施体制机制改革

在国家层面上，统一的管理机构有助于增加 NQI 各要素间的相互的适应性、配套性和可操作性，这一点在发达国家也得到了验证，如美国对 NQI 的管理高度融合都集中在 NIST，政府通过 NIST 对美国计量全面管理、协调重要的标准制定、协调合格评定，并为合格评定提供强有力的技术支持，共同为提升美国的产业能力、提高生活质量服务。德国经济部负责管理协调计量、标准以及合格评定。但是在技术机构和服务上，市场导向的运作机制可以更好地发挥 NQI 在经济社会发展中的基础作用，促进经济社会的高质量发展。因而，继续推进 NQI 的体制改革可以从以下 4 个方面展开。

1. 继续推动技术机构的市场化改革

厘清行政委托、技术审查、监督检验等职能边界，探索事企分离改革，强化市场竞争意识，减少行政依赖，坚持事业性质和市场化发

展“两条腿”走路。一方面，继续强化强制检定、法定检验等业务的公益属性和行政特性，为行政监管和产业发展需求提供技术支撑；另一方面，大力推进校准检测等经营性业务的改革，按照经营性业务全面剥离院所、组建专业检验检测公司独立参与市场化运作的思路，提升技术机构适应市场竞争的能力。

在这方面，部分省市的探索提供了一些宝贵的经验。如 2018 年 11 月，深圳市以政府令的形式发布了《深圳市计量质量检测研究院规定》，规定指出，深圳市计量质量检测研究院为不以营利为目的的事业单位法人，其主要职能包括政府服务、公共检测平台服务和市场化服务 3 个部分。深圳市计量质量检测研究院实行建立以理事会为核心的法人治理结构，实行决策（理事会）、执行（管理层）、监督（相关部门、理事会、职工代表大会）有效制衡的治理机制。通过市场化运作方式提升计量与检测仪器装备的研究开发，国际国内市场准入规则的研究、国际国内标准的制定或者修订，产品、工程、服务、环境等方面的计量、检测与认证和货物检验、工厂审查等第三方核查技术服务的能力和水平。

深圳市的改革为其他省市的体制机制改革提供了可推广的经验。如对 NQI 机构进行立法，规定其法律地位和法定职责。通过购买服务等形式建立政府与 NQI 机构的合作关系，实现 NQI 支撑政府服务，完善 NQI 法人治理结构，使其真正成为独立的市场主体。

2. 加快培育质量基础设施相关的新兴服务业态

加快培育产业计量测试、标准化服务、检验检测认证服务、品牌咨询等新兴质量服务业态，为大众创业、万众创新提供优质公共技术服务。加快发展第三方检验检测认证服务，鼓励检验检测认证机构平等参与市场竞争。加强计量、检测技术、检测装备研发等基础能力建设，发展面向设计开发、生产制造、售后服务全过程的分析、测试、计量、检验等服务。建设一批国家产业计量测试中心，构建国家产业计量测试服务体系。加强国家质检中心和国家检测重点实验室规划建设和动态管理。加强先进重大装备、新材料、新能源汽车等领域的第三方检验检测服务，开拓电子商务等服务认证领域。推动技术机构开展质量安全风险研判，实现从“产品检测”到“风险监测”的转型，要优化资源配置，引导检验检测认证机构集聚发展，推进整合业务相同或相近的检验检测认证机构。培育一批技术能力强、服务水平高、规模效益好、具有一定国际影响力的检验检测认证集团。

3. 推动国家质量基础设施的开放共享

提升公共技术服务能力，加快国家质检中心、国家产业计量测试中心、国家技术标准创新基地、国家检测重点实验室等公共技术服务平台建设。创新“互联网+质量服务”模式，推进质量技术资源、信息资源、人才资源、设备设施向社会共享开放，开展一站式服务，为产业发展提供全生命周期的技术支持。鼓励组建产学研用一体化的检验检测认证联盟，推动检验检测认证与产业经济深度融合，提升对重点产业的支撑服务能力。

四、提升质量基础设施在高质量发展中的支撑作用

我国经济发展已由高速增长阶段转向高质量发展阶段，必须坚持质量第一、效益优先，以供给侧结构性改革为主线，推动经济发展质量变革、效率变革、动力变革。在此过程中，NQI 对高质量发展的作用将进一步突显。

把 NQI 建设纳入经济社会发展规划，夯实高质量发展的物质基础。以计量、标准、检验检测和认证建设为重点，加快构建 NQI 服务体系，支撑和引领整个经济社会的高质量发展。在具体措施上，可以通过实验室用地、检测设备配备、人才培养引进、绩效分配制度等方面给予政策倾斜和专项配套支持。完善金融扶持、财政补贴政策，引导社会资本参与质量技术基础建设。如深圳市明确将质量基础设施列入城市 6 大基础设施之一。在《深圳城市基础设施建设 5 年行动计划（2016—2020 年）》中建设 16 个质量基础设施项目，以重大项目带动产业发展和技术创新。2018 年全市质量基础公共服务平台、质量技术基础研发及产业化、检验检测装备制造、实验室建设及改造等项目总投资 22.8 亿元，质量基础公共服务平台投资 5.9 亿元。

加强 NQI 的统一建设、统一管理，推进信息共享和业务协同，加快形成 NQI 协同发展体系。改革开放以来，我国的 NQI 建设取得长足的进步，但不同层级之间、不同区域之间仍缺乏统一规划和协调。一方面重复建设问题、资源利用不足问题普遍存在，另一方面资源共享矛盾日益突出。因而，在下一阶段中亟须加强 NQI 建设，做好顶层设计和统筹规划，形成科学、合理的 NQI 体系。同时，建立不同级别、区域质量基础设施效能发挥的协调机制，推动形成不同区域之间职责明晰、协同推进的工作格局。进一步理顺资源共享的权利和义务，制定共享资源、收费标准和监管机制的配套政策。

开展 NQI 协同服务及应用示范基地建设，助推中小企业和产业集聚区全面加强质量提升。NQI 的优势在于技术，价值在于服务。从产品质量来看，我国质量总体水平和产品附加值还不高，处于国际产业链和价值链的中低端，标准水平和可靠性有差距，关键核心技术对外依存度高，出口商品国际竞争力不强，假冒伪劣屡禁不绝，质量安全事件时有发生，NQI 建设仍显薄弱，与发达国家相比还有不少差距，还不能完全满足经济社会发展的现实需要。特别是中小企业在一定程度上存在质量管理水平偏低、技术创新能力不足，产品和服务竞争力不强、质量技术基础薄弱等问题。因此，应创建 NQI“一站式”公共技术服务示范平台，打造质量服务综合体，推进 NQI 的技术资源、信息资源、人力资源和设备设施向全社会开放。

五、以“一带一路”为抓手，促进国家质量基础设施的互联互通

进一步加强 NQI 建设的国际交流合作，学习国际先进技术和做法，鼓励社会组织和产业技术联盟、企业积极加强国际交流活动，更好地“引进来”。深度参与 NQI 国际治理，积极参加国际规则制定和国际组织活动。紧抓共建“一带一路”等有利契机，加快与“一带一路”沿线国家和地区共建共享质量基础设施，促进政策、规则、标准等的软联通，推动互联互通。

以“一带一路”为纽带，积极将中国标准推到国际市场，提升我国标准的国际影响力。积极响应国家“一带一路”倡议，推进标准联通共建“一带一路”行动，主动与沿线国家开展标准化战略对接，并积极推进标准化体系兼容，推动中国标准走向国际舞台。聚焦于重点国家，围绕基础设施建设对外承包工程走出去，发挥其带动效应，推动高标准的产品、技术标准和认证服务走出去，以标准等“软联通”推进“一带一路”经贸合作。

积极主动参与国际标准化治理，努力推进与主要贸易伙伴国家标准互认。我国政府应加强与国际标准机构紧密联系，鼓励更多的中国企业、中国专家参与国际标准化活动，尤其在传统中医药、装备制造、

冶金等优势特色领域，积极提出国际标准提案，主导国际标准制定。在电子商务、智慧城市、信息通信等新兴领域，提早布局，主动提出国际标准的中国方案，推动中国技术标准更多地融入国际标准化体系。同时，我国政府在贸易谈判过程中，应进一步深化与主要贸易国家和地区双多边合作机制，通过与贸易伙伴国建立标准化合作机制，推动国家间标准的兼容，努力实现我国同等检测和认证结果得到贸易伙伴国的认可，从而降低出口企业因标准认证体系不同带来的重复检测成本。

加强对国外技术性贸易措施的跟踪研究，积极开展应对与防护。建立能够覆盖全国、实现资源共享的技术性贸易措施预警与应对信息平台，及时发布应对工作年度报告。建立预警点，加强对国际与发达国家先进标准及法规的研究，引导出口企业加快技术升级，突破国际市场技术性贸易壁垒。建立跨部门的国外技术性贸易措施应对与防护联动机制，尤其针对我国主要出口行业及重点领域的企业建立国外技术性贸易措施快速反应机制，有效保障企业合法权益。

第三节 构建雄安新区质量基础设施综合服务模式的对策建议

设立雄安新区，是以习近平同志为核心的党中央作出的一项重大历史性战略选择，是千年大计、国家大事。《纲要》指出，要创造“雄安质量”，打造推动高质量发展的全国样板，建设现代化经济体系的新引擎。“雄安质量”关键要推进全要素质量变革，政府、市场和社会的全员质量变革以及规划、设计、营运、管理全过程的质量变革，其中质量基础设施对“雄安质量”目标的实现具有重要支撑作用。《纲要》明确提出，要围绕创新链构建服务链，发展创业孵化、技术转移转化、科技咨询、知识产权、检验检测认证等科技服务业，建设 NQI 研究基地。

基于发达国家 NQI 建设经验，并结合雄安新区发展实际，雄安新区质量基础设施的建设应打破过去分割性发展的老路，充分考虑 NQI 各要素之间的相互协作、沟通和融合问题，构建标准、计量、检验检测和认证认可的高水平研究基地，为经济社会发展提供一站式综合服务。NQI 综合服务可定义为：协调计量、标准、认可、检验检测、认证等 NQI 要素，协同提供质量技术服务。NQI 综合服务的实质是在有关方针、政策、法律、监管等的促进下，依托参与主体、区域信息化平台等，实现 NQI 各要素之间的相互协作、有效沟通、互动促进，为市场提供全流程、全方位的技术服务，产生“1+1>2”的协同效果，继而更好地支撑和促进经济发展和技术进步。

一、国家质量基础设施综合服务的基本特征

1. 统一的服务协同机构

NQI 综合服务涉及作为监管方的政府部门、作为供给方的质量技术服务机构、作为需求方的企业及其他相关方，探索 NQI 综合服务模式必须首先建立一个统一的服务协同组织机构。该机构可由政府主导建立并吸纳其他相关方，或成立专门的第三方机构统一受理企业质量技术服务需求。

2. 统一的工作和考评机制

NQI 综合服务往往是跨部门的，因此需要建立统一的综合服务工作机制，明确各承担机构的工作职责和任务分工，还要制定统一的综合服务工作计划、质量技术服务基层数据资源整合、综合服务质量的评价机制等。

3. 统一的信息化平台

利用互联网、大数据等信息化技术，建立统一的 NQI 综合服务信息化管理系统，不仅能够提高质量技术服务的工作效率、降低企业质量服务成本，还能更好地指导和规范质量技术服务和进行远程监管。此外，信息化平台应建有统一的数据共享标准和格式，将计量、标准、认证等质量技术基础数字资源整合，形成便于查询、对照、开放的 NQI 基础信息服务数据库，强化数据共享。

4. 统一的实体服务窗口

建设实体性服务大厅，设置统一的 NQI 服务窗口，配备专门的窗口服务人员并明确服务人员的职责和义务。现场解答企业的质量技术咨询和受理质量技术服务业务。

5. 统一专业人才队伍

建立 NQI 综合服务专家库，统一专业技术专家队伍。在配备一定数量专职技术专家的同时，探索与高校、科研机构、企业、行业协会、社会团体等进行合作，聘用高层次、紧缺型技术人才，为企业提供质量技术服务和信息咨询。

二、开展国家质量基础设施综合服务的重点和难点

1. 建立面向市场的、公开透明的、多方共管的综合服务协同机构

我国的 NQI 条块管理、分级分段管理的特点较突出，不能很好适应综合服务，满足相互协调配合、推进融合发展、服务市场经济的要求。从政府管理看，部门分立造成行业壁垒较多，区域分割较为明显，不同程度存在重复建设的现象。从技术支撑体系看，体制内机构普遍存在定位不清、事企不分的行政化倾向，社会力量参与 NQI 服务的程度低。因此，急需建立面向市场的、公开透明的、多方共管的综合服务协同机构，以更好地配置 NQI 资源和提供更有效的 NQI 服务供给。

2. 提供面向新产业、新技术的高质量、高效率国家质量基础设施技术服务

我国现行的 NQI 服务体系总体呈现“自上而下”的特点，市场机制未充分发挥。这导致标准等质量技术供给过程公开、透明程度不高，供给过剩和亟需技术不足并存。质量技术研发还不能与新产业、新技术等竞争力的积累和培养很好结合，制约着我国新科技、新产业的发展。迫切需要建立了解市场动态、了解新产业特征的社会团体企业参与到 NQI 供给的机制，为社会提供面向新产业、新技术的高质量、高效率 NQI 技术服务。

3. 搭建国家质量基础设施综合服务信息化共享平台

基于互联网、大数据等信息化技术的信息化平台，能有效实现企

业、监管部门等主体对标准、计量、认可、合格评定等资源的共有与共享，提高 NQI 综合服务的整体配置效果和监管水平。当前 NQI 信息化平台也面临着投入、技术、维护、信息共享、利益分配等问题，需多方共同参与解决。

4. 发展质量技术服务国际品牌，对接国际市场服务需求，助力企业国际竞争

我国体制内质量技术服务机构市场化程度低，民营质量服务机构较弱小，缺少知名的国际质量服务机构品牌，在与国际知名质量技术服务机构的竞争中处于劣势地位，不能充分支撑我国企业参与国际竞争。为此，需要解决质量技术科研投入、体制内质量技术服务机构改制、支持民营质量服务机构做大做强、加强区域和国际质量基础设施合作等一系列问题。

5. 建立有效的国家质量基础设施综合服务绩效评价体系

我国现有的 NQI 综合服务模式，普遍缺少对机构、政策、制度等运行及实施效果的评估体系。由于缺少科学合理和有效的信息反馈，不利于后续政策、制度的持续推进。为持续改进 NQI 综合服务模式的运行效果和执行质量，需要建立科学有效的评价体系，为 NQI 综合服务模式的后续发展提供指引。

三、开展国家质量基础设施综合服务建设的实施路径

1. 因地制宜、明确定位、整体布局，制定 NQI 综合服务发展战略

根据《纲要》和《规划》对雄安新区经济、产业、社会发展的规

划定位，雄安新区将成为北京非首都功能疏解集中承载地、新时代推动高质量发展的全国样板、高水平社会主义现代化城市，因此，雄安新区质量基础设施研究基地和综合服务平台应高标定位、立足未来，综合调动各方资源，制定多方参与的 NQI 综合服务发展战略，确定几个具有应用前景的发展方向，带动当地产业竞争力和科技水平提升，服务中小企业发展。

2. 制度保障、法律护航，发展共同管理的 NQI 综合服务环境

雄安新区有必要对当地现行的制度和法律体系加以修改和完善，使之适应于经济全球化、贸易自由化的发展环境。应从法律上保证行业组织、企业和消费者等利害关系人能参与到 NQI 中来，保障 NQI 在程序上更加透明和规范；从制度上保证利害关系人成为 NQI 建设的主导；从机制上促使政府有关职能部门、相关社会团体、企业之间形成合力，共同推动 NQI 综合服务的普及以及走向国际；在鼓励企业和社会团体参与 NQI 建设的同时，制定参与者权利保障措施，从利益上调动相关企业、行业团体的积极性。

3. 政府长期经费支持、公司化运营，发展高水平、高效的质量技术研究机构

NQI 综合服务具有公益性、基础性和战略性特点，需要有长期、坚实的资金作为保障，不可能完全由市场解决。特别是像计量、认可等基础性质量机构应从国家层面予以保障。为此，对于具有战略意义的计量等技术科研机构政府部门应给予长期的经费支持，建设高水平的质量技术研究基地，支持雄安新区基础、重点及新产业领域的科技创新。而对于检验检测、认证、校准、标准等科技服务业，要持续开展体制内技术机构的市场化转型和公司化运营，鼓励国内外具有市场竞

争力的机构入驻雄安新区，为雄安新区经济社会发展提供更高水平的质量服务。

4. 支持民间质量技术团体的发展，提高 NQI 综合服务反应速度和水平

雄安新区产业发展的重点以新一代信息技术产业、现代生命科学和生物技术产业、新材料产业、高端现代服务业等先进制造业和现代服务业为主。这些领域技术发展迅猛，标准对产业发展往往具有较强的引领作用。因而，应加强相关行业协会等社会团体建设，使其成为真正代表本行业利益，能有效维护自身合法权益的非营利性、自律性的社会团体。大力发展团体标准，积极参与制定国家标准和国际标准，研究前沿计量科技，依托技术发展提供高水平的检验检测和认证认可服务。有针对性地发展适应新产业、新技术的质量技术，提高 NQI 综合服务反应速度和水平。

5. 整合资源、发展品牌，提升 NQI 综合服务的国际话语权，助力企业参与国际竞争

雄安新区应因地制宜推动机构整合改革，优化条块资源配置，激发内生动力，组建质量技术服务集团。鼓励民间质量技术服务机构利用市场化手段，借助金融资本的力量和网络时代的大平台来重新构建自己的体系，迅速提升业务能力和品牌信誉，发展民族质量基础设施服务品牌。

6. 建立 NQI 综合服务绩效评价体系，促进综合服务质量发展

为提升 NQI 综合服务实施效果，检验 NQI 综合服务建设的成效，

以及提高市场监管水平，应建立适合当地特点的 NQI 综合服务实施情况统计分析报告制度和实施效果反馈、评估机制。鼓励合格和高水平的国内外质量技术服务机构积极参与到 NQI 综合服务中来，及时淘汰水平差、信誉低的不合格质量技术服务机构。同时，有效的绩效评价，也是提高 NQI 综合服务共同管理水平和市场监管水平的手段。

附录 质量基础设施相关组织与机构名称

质量基础设施相关国际组织名称

序号	中文名称	外文名称	简称
1	联合国贸易和发展会议	United Nations Conference on Trade and Development	UNCTAD
2	联合国工业发展组织	United Nations Industrial Development Organization	UNIDO
3	世界银行	The World Bank	WB
4	国际标准化组织	International Organization for Standardization	ISO
5	国际计量局	Bureau International des Poids et Mesures	BIPM
6	国际可再生能源署	International Renewable Energy Agency	IRENA
7	发展中国家计量、认可和标准化网络	Developing Countries in Metrology, Accreditation and Standardization	DCMAS
8	国际认可论坛	International Accreditation Forum	IAF
9	国际电工委员会	International Electrotechnical Commission	IEC

美国质量基础设施相关机构名称

序号	中文名称	外文名称	缩写
1	美国国家标准与技术研究院	National Institute of Standards and Technology	NIST
2	美国国家计量大会	National Conference on Weights and Measures	NCWM
3	美国计量标准所会议/美国标准实验室会议	National Conference of Standards Laboratories	NCSL
4	美国国家标准学会	American National Standards Institute	ANSI
5	美国公共与预算管理办公室	Office of Management and Budget	OMB
6	泛美技术标准委员会	Pan American Standards Commission	COPANT
7	太平洋地区标准大会	Pacific Area Standards Congress	PASC
8	国际实验室认可合作组织	International Laboratory Accreditation Cooperation	ILAC
9	国家技术转让与推动法案	National Technology Transfer and Advancement Act	NTTAA
10	国家自愿性实验室认可体系	National Voluntary Laboratory Accreditation Program	NVLAP
11	美国实验室认可协会	American Association for Laboratory Accreditation	A2LA

欧洲质量基础设施相关机构名称

序号	中文名称	外文名称	缩写
1	德国联邦物理技术研究院	Physikalisch-Technische Bundesanstalt	PTB
2	德国认可委员会	Deutsche Akkreditierungsstelle GmbH	DAkkS
3	柏林物理技术研究所	Physikalisch-Technische Reichsanstalt	PTR
4	德国标准化学会	Deutsches Institut für Normung	DIN
5	德国电气工程师协会	Verband Deutscher Elektrotechniker	VDE
6	欧洲标准化委员会	Comité Européen de Normalisation	CEN
7	英国国家物理研究院	National Physical Laboratory	NPL
8	英国政府化学家实验室	Laboratory of the Government Chemist	LGC
9	英国国家工程实验室	National Engineering Laboratory	NEL
10	英国国家齿轮计量实验室	National Gear Metrology Laboratory	NGML
11	英国国家生物制品检定所	National Institute for Biological Standards and Control	NIBSC
12	英国皇家认可委员会	United Kingdom Accreditation Service	UKAS
13	英国认证机构认可委员会	National Accreditation Council for Certification Bodies	NACCB

日本质量基础设施相关机构名称

序号	中文名称	外文名称	缩写
1	日本国家计量研究所	National Metrology Institute of Japan	NMIJ
2	日本工业标准委员会	Japanese Industrial Standards Committee	JISC
3	日本工业标准	Japanese Industrial Standards	JIS
4	日本标准化协会	Japanese Standards Association	JSA
5	日本农林标准	Japanese Agricultural Standards	JAS
6	日本国家实验室认可体系	Japan National Laboratory Accreditation System	JNLA
7	日本质量保证协会	Japan Quality Assurance Organization	JQA

韩国质量基础设施相关机构名称

序号	中文名称	外文名称	缩写
1	韩国标准与科学研究院	Korea Research Institute of Standards and Science	KRISS
2	韩国技术标准署	Korea Agency for Technology and Standards	KATS
3	韩国实验室认可机构	Korea Laboratory Accreditation Scheme	KOLAS
4	韩国认可局	Korea Accreditation Board	KAB
5	韩国标准协会	Korean Standard Association	KSA
6	韩国工业标准	Korean Industrial Standards	KS
7	国家标准理事会	National Standards Council	NSC
8	韩国认可体系	Korea Accreditation System	KAS

新加坡质量基础设施相关机构名称

序号	中文名称	外文名称	缩写
1	新加坡贸易与工业部	Ministry of Trade & Industry	MTI
2	新加坡科学技术研究局	Agency for Science, Technology and Re-seach	A * STAR
3	新加坡标准、生产力与创新局	Standards, Productivity and Innovation for Growth	SPRING
4	新加坡国际企业发展局	International Enterprise Singapore	IE Singapore
5	新加坡企业发展局	Enterprise Singapore	ESG
6	新加坡实验室认可机构	Singapore Laboratory Accreditation Scheme	SINGLAS
7	新加坡认可理事会	Singapore Accreditation Council	SAC

参考文献

[1] 蒋家东，李相禛，郑立伟．国家质量基础设施研究综述［J］．工业工程与管理，2019（2）：198-205.

[2] 蒋家东，张豪．质量基础设施效能评估的初步研究［J］．航空标准化与质量，2019（3）：23-28.

[3] 克莱门斯·萨内特拉，罗西奥·M·马班．解决全球质量问题的终极答案：国家质量基础设施［M］．刘军，胡泊，邢怀滨，Trans，译．北京：中国质检出版社，2015.

[4] 李婷婷．国家质量技术基础建设的国际经验分析及启示［J］．质量与认证，2018（11）：47-48.

[5] 计量是重要的国家质量基础设施之一：支树平局长在中央党校春季班上的报告（摘发）［J］．中国计量，2015（8）：5-6.

[6] 支树平：全面加强质量技术基础建设［J］．中国纤检，2017（2）：2-2.

[7] 冯蕾，黄菊秀，刘红喜．美国质量技术基础一站式服务实践及其对我国的启示［J］．标准科学，2017（7）：70-74.

[8] 宫轲楠，徐文见．韩国国家质量基础设施立法及其启示［J］．标准科学，2020（9）：12-16+26.

[9] 宋健，刘刚，张忠立．美国计量管理制度［J］．上海计量测试，2016，43（3）：2-4+8.

[10] 林娴岚，李哲．美国国家标准与技术研究院的立法特点及启示［J］．全球科技经济瞭望，2016，31（11）：60-64.

[11] 刘军，胡泊．从NIST规划看NIST未来发展趋势［J］．中国计量，2017

(2): 55-58.

[12] 陈燕申, 陈思凯. 美国国家标准机构的发展与作用探讨——ANSI的经验及启示 [J]. 中国标准化, 2016 (8): 105-113.

[13] 赵歆. 美国政府对自愿协调一致标准的采纳及对其制定组织的特别法律保护 [J]. 中国标准化, 2012 (6): 65-68.

[14] 刘辉, 王益谊, 付强. 美国自愿性标准体系评析 [J]. 中国标准化, 2014 (3): 83-86+91.

[15] 欧洲标准化战略介绍 [J]. 测绘标准化, 2021, 37 (1): 87-88.

[16] 霍忻, 梁文化. 国内外认证认可研究综述与展望 [J]. 郑州轻工业学院学报 (社会科学版), 2020, 21 (1): 50-57.

[17] 霍哲珺. 德国计量管理体系概述 [J]. 管理观察, 2018 (33): 58-59.

[18] 张媛, 陆津龙. 英国技术法规和标准体系及其实施监督机制研究 [J]. 工程建设标准化, 2016 (10): 69-75.

[19] Rainer Kramer, 安雅丽, 谢代梁. 德国法制计量体系概况 [J]. 中国计量学院学报, 2015, 26 (1): 1-6.

[20] 刘新民. 德国实施欧盟计量器具指令情况介绍 [J]. 中国计量, 2014 (12): 53-54.

[21] 刘新民, 赵燕, 徐文见. 德国计量工作状况及对我国计量发展的借鉴 [J]. 中国计量, 2008 (4): 49-51.

[22] 潘光政. 英国的质量认证和计量监督管理 [J]. 中国质量技术监督, 2005 (6): 54-55.

[23] 鲍悦. 英国国家法制计量机构: 国家度量衡实验室 (NWML) [J]. 中国计量, 2005 (1): 42-43.

[24] Bob. Mc. Guiness, 刘新民. 英国计量机构在变革中的经验与国家的职责 [J]. 中国计量, 2004 (3): 42-44.

[25] 宋寅平. 国际标准化资料概览: 日本专业协 (学) 会篇 [M]. 北京: 中国质检出版社, 2014.

[26] 李婷婷. 国家质量技术基础建设的国际经验分析及启示 [J]. 质量与认

证，2018（11）：47-48.

［27］姜疆．韩国标准化、计量、合格评定及产品安全监督概况（之一）［J］．中国标准化，2000（2）：42-46.

［28］许柏，王天娇，刘晶，杜东博，苏晓雪，刘岩峰．韩国标准化战略发展历程与最新进展［J］．标准科学，2018（10）：11-15.

［29］韩可卫．欧盟、美国、日本标准化战略比较分析及借鉴［J］．科技管理研究，2009，29（3）：229-231.

［30］齐虹丽．日本标准化法律制度的确立、演进与启示［J］．质量探索，2017，14（6）：10-17.

［31］钟新明．日本计量概览（上）［J］．中国计量，2000（4）：32-34.

［32］钟新明．日本计量概览（下）［J］．中国计量，2000（5）：37-39.

［33］潘柯良．日本科技创新与标准化［J］．标准科学，2014（11）：88-96.

［34］白云霞，唐继微．新加坡标准化及认证管理体制研究［A］．中国标准化协会．标准化改革与发展之机遇——第十二届中国标准化论坛论文集［C］．中国标准化协会，2015：7.

［35］夏怡．新加坡标准化体系研究［A］．中国标准化协会．标准化改革与发展之机遇——第十二届中国标准化论坛论文集［C］．中国标准化协会，2015：4.

［36］廖欣然，唐继微．新加坡标准化体系现状及对我国的启示［J］．标准科学，2018（6）：11-14.

［37］World Bank. Quality Systems and Standards for a Competitive Edge［R］. World Bank，2007.

［38］World Bank. The National Quality Infrastructure－A tool for competitiveness［R］. trade and well-being：World Bank. 2013.

［39］United Nations Industrial Development Organization Quality Policy Guiding Principles［R］. UNIDO，INETQI. 2018a.

［40］United Nations Industrial Development Organization Quality Policy A Practical Tool［R］. Vienna，Austria UNIDO. 2018b.

[41] United Nations Industrial Development Organization Quality Policy Technical Guide [R]. UNIDO, 2018c.

[42] World Bank. Comprehensive Diagnostic Tool Annex to the QI Toolkit [R]. World Bank, 2019.

[43] United Nations Industrial Development Organization Rebooting Quality Infrastructure for a Sustainable Future [R]. UNIDO, 2020.

[44] Concalves, J., & Peuckert, J. Measuring the impacts of Quality Infrastructure: Impact Theory, Empirics and Study Design [R]. PTB, 2011.

[45] Frenz, M., & Lambert, R. Innovation Dynamics and the Role of Quality Infrastructure-UK [R]. BIS, 2012.

[46] Harmes-Liedtke, U. The Relevance of Quality Infrastructure to Promote Innovation Systems in Developing Countries [R]. PTB, 2010.

[47] Kellermann, M. Harnessing Quality for Global Competitiveness in Eastern Europe and Central Asia [R]. World Bank.

[48] Kellermann, M. Comprehensive Diagnostic Tool [R]. Washington DC: The World Bank and Physikalisch-Technische Bundesanstalt, 2019a.

[49] Kellermann, M. Ensuring Quality to Gain Access to Global Markets. A Reform Toolkit [R]. Washington DC: The World Bank and Physikalisch-Technische Bundesanstalt, 2019b.

[50] Kellermann, M. QI Toolkit Case Studies [R]. Washington DC: The World Bank and Physikalisch-Technische Bundesanstalt, 2019c.

[51] Sanetra, C., & Marban, R. M. The Answer to The Global Quality Challenge: A National Quality Infrastructure [R]. PTB, OAS, SIM 2007.